IT kompakt

Die Bücher der Reihe „IT kompakt" zu wichtigen Konzepten und Technologien der IT:

- ermöglichen einen raschen Einstieg,
- bieten einen fundierten Überblick,
- eignen sich für Selbststudium und Lehre,
- sind praxisorientiert, aktuell und immer ihren Preis wert.

Philipp Winniewski

Grundlagenwissen der Software-Entwicklung

IT-Konzepte und Fachbegriffe für das Projektmanagement

Philipp Winniewski
Zellingen, Deutschland

ISSN 2195-3651   ISSN 2195-366X   (electronic)
IT kompakt
ISBN 978-3-658-42658-3   ISBN 978-3-658-42659-0   (eBook)
https://doi.org/10.1007/978-3-658-42659-0

Die Deutsche Nationalbibliothek verzeichnet diese Publikation in der Deutschen
Nationalbibliografie; detaillierte bibliografische Daten sind im Internet über http://
dnb.d-nb.de abrufbar.

Bild auf Seite XI: Nadine Sachse
Zusätzliche Korrekturen: Mirco Lukas

Planung/Lektorat: Petra Steinmueller
Springer Vieweg ist ein Imprint der eingetragenen Gesellschaft Springer Fach-
medien Wiesbaden GmbH und ist ein Teil von Springer Nature.
Die Anschrift der Gesellschaft ist: Abraham-Lincoln-Str. 46, 65189 Wiesbaden,
Germany

Das Papier dieses Produkts ist recyclebar.

für Mirco

Ganz herzlichen Dank an...

...Mirco für alles

...meine Familie, Adam, meine Mutter und meinen Vater für die Unterstützung

...Stephan, Sergei und Doris dafür, dass ich Teil des allerbesten Teams sein durfte

Inhaltsverzeichnis

Über den Autor

Philipp Winniewski absolvierte 2016 sein Masterstudium im Fach Informatik an der Julius-Maximilians-Universität Würzburg. Anschließend war er als Entwickler in einem mittelständischen Software-Unternehmen tätig. Dort sammelte er nicht nur Erfahrung in Sachen Programmierung, sondern war auch für interne und externe Projekte verantwortlich, leitete Teams und entwickelte Lösungen in enger Zusammenarbeit mit Großkunden. 2019 gründete er nebenberuflich sein eigenes Unternehmen Frequture, dem er sich inzwischen ganz widmet und über welches er Software-Lösungen und diverse IT-Dienstleistungen wie Consulting anbietet.

Gerne können Sie Ihr Feedback, Korrekturvorschläge und Ideen zu diesem Buch via E-Mail an books@philipp-winniewski.de senden.

Vorwort

„Ich kann mich über meine IDE nicht mit dem Git-Server verbinden, um das Projekt für's Debugging auszuchecken."

Software-Entwickler sind nicht immer leicht zu verstehen. Das Schreiben eines Programms erfordert sehr viel Fachwissen, das von Unmengen an englischen und deutschen Begriffen sowie technischen Abkürzungen begleitet wird. Hinter einigen davon stehen sogar ziemlich komplizierte Konzepte. Programmierer neigen dazu, ganz und gar in dieser Welt der Informatik zu versinken. Ihre Denk- und Sprechweise wird tiefgreifend von der Logik des Computers geformt. Außerdem ist die technische Welt der Rechner, Server und Netzwerke von der Lebenswirklichkeit der meisten Personen in einem Unternehmen oft sehr weit entfernt. Für Außenstehende sind die Sätze eines Entwicklers daher ein Buch mit sieben Siegeln.

Das ist an sich nichts Ungewöhnliches. Jede Berufsgruppe hat ihre eigene Sprache und Fachbegriffe. Das Fatale in diesem Fall ist jedoch, dass bei der Entwicklung eines Softwareprodukts Menschen aus vielen verschiedenen Bereichen eng zusammenarbeiten müssen. Nicht selten werden sogar Kunden bzw. deren Vertreter direkt in die Prozesse mit eingebunden. Der Dreh- und Angelpunkt ist hierbei natürlich das Team derer, die das Produkt letztlich umsetzen – also die Programmierer.

In diesem Spannungsfeld leidet zwangsläufig die Qualität der Kommunikation und Kooperation. Das wiederum verursacht Missverständnisse, Unwägbarkeiten und Fehleinschätzungen. Sowohl innerhalb des Teams als auch zwischen Unternehmen und Kunden entstehen dadurch Konflikte und Streitigkeiten. Deshalb sollten alle am Entwicklungsprozess Beteiligten ein Interesse daran

© Der/die Autor(en), exklusiv lizenziert an Springer Fachmedien Wiesbaden GmbH, ein Teil von Springer Nature 2024
P. Winniewski, *Grundlagenwissen der Software-Entwicklung*, IT kompakt, https://doi.org/10.1007/978-3-658-42659-0_1

haben, etwas an dieser Situation zu ändern. Gerade Projektver-
antwortliche müssen die Auswirkungen fachlicher Gegebenheiten
einschätzen können.

In meiner Zeit als Entwickler wurde mir das zunehmend
bewusst. Obwohl viele Begriffe unklar waren, haben Product
Owner und Manager meist keine Nachfragen gestellt. Sie waren der
Ansicht, dass sie keine weiteren Informationen bräuchten oder die
Erklärung sowieso nicht verstehen würden. Manchmal schämten
sie sich sogar dafür, dass sie häufig verwendete Begriffe nicht kann-
ten und vermieden daher solche Themen. Und wenn sie sich dazu
durchgerungen haben, Fragen zu stellen, dann waren die Erläu-
terungen vieler Kollegen sehr umfassend und auf einem fachlich
hohen Niveau, was leider jedoch nicht viel zum Gesamtverständnis
beitragen konnte.

Ich habe mich deshalb manchmal nach einem Meeting mit
Projektplanern, Kundenbetreuern und anderen aus dem mittle-
ren Management zusammengesetzt, um auf verschiedene Bereiche
der Software-Entwicklung einzugehen. Im Zentrum standen dabei
typische Problemsituationen und gängige Prozessschritte der Entwicklung, der Arbeitsalltag und die Werkzeuge eines Programm-
mierers, höhere Konzepte und wichtige abstrakte Prinzipien sowie
Basiswissen der Informatik. Dabei habe ich immer sehr viel Wert
darauf gelegt, vom Mindset eines Nicht-Informatikers auszugehen.
Auf diese Weise konnten die Themen schnell und leicht erschlos-
sen werden. Was ich erlebte, war die Erleichterung und Begeiste-
rung meiner Kollegen, wenn ihnen das Licht wieder einmal auf-
ging. Man war mir stets dankbar dafür, dass ich mir die Zeit für
eine genaue und verständliche Erklärung genommen habe. Dieser gegenseitige Respekt auf einer neuen Stufe verbesserte das
Arbeitsklima erheblich. Und von den neuen Erkenntnissen bei den
Entscheidern profitierte schon so manches Projekt.

Aus diesen Erlebnissen heraus kam mir die Idee zu dem Buch,
das Sie nun vor sich haben. Auch hier spreche ich die oben genannten Themen rund um die Software-Entwicklung an. Wenn Sie auch
nur am Rande an der Programmierung einer Software in einem
unternehmerischen Umfeld beteiligt sind oder mit solchen Projekten zu tun haben, dann werden Sie die Erklärungen verstehen,
auch ohne Informatik-Hintergrund. Jeder Begriff und jedes Kon-

zept wird mit angemessener Genauigkeit betrachtet. Der Fokus liegt immer auf die Bedeutungen und Auswirkungen eines Themas im Projekt, Produkt oder Prozess. Eine Vielzahl an Beispielen und Analogien geben Ihnen gute Hinweise auf die Praxis. Und einige abgesetzte Kommentare meinerseits fügen persönliche Meinungen und Einschätzungen hinzu. Ich empfehle Ihnen, das Buch wirklich von vorne bis hinten zu lesen. Die kurzen Abschnitte ermöglichen Konzentrationspausen und bieten thematische Abwechslung. Dort, wo mehrere Begriffe inhaltlich zusammenpassen, wurden sie so gruppiert, dass Sie eine gute Gesamtübersicht über das jeweilige Gebiet erhalten. Der enzyklopädische Grundcharakter macht das Buch außerdem zu einem idealen Nachschlagewerk.

Anmerkung
In diesem Buch wird aus Gründen der besseren Lesbarkeit überwiegend das generische Maskulinum verwendet. Diese Form schließt Menschen jeder geschlechtlichen Identität im vorliegenden Werk an den entsprechenden Stellen stets mit ein.

Ich möchte Ihnen danken, und zwar nicht nur als Autor, sondern als Entwickler. Egal, ob Sie Geschäftsführer, Product Owner, Projektmanager, Kundenbetreuer, Support-Mitarbeiter oder selbst Software-Kunde sind, Sie werden mit den Erkenntnissen aus dieser Sammlung nicht nur die Kommunikation in Ihrem unternehmerischen Umfeld verbessern, sondern die komplette Zusammenarbeit und das Arbeitsklima auf ein völlig neues Level heben. Ich verspreche Ihnen, dass Sie vieles lernen werden, was Sie schon immer wissen wollten. Und mehr noch: Einige Abschnitte bieten einen unvergleichlichen Einblick in Bereiche, die normalerweise schwer greifbar und unzugänglich erscheinen, aber die Sicht auf das Große Ganze der Software-Entwicklung freigeben. Lassen Sie sich überraschen!

Begriffe und Konzepte

Agile Software-Entwicklung

Der Ausdruck *agil* wird heutzutage vielfach von verschiedenen Menschen in der Bedeutung von modern, aktuell, erfolgreich und modisch verwendet. Chefs nutzen das Wort wie in „Oh, wir arbeiten sehr il. Wir haben die Agile Entwicklung eingeführt." im Sinne von „Wir sind eine dieser edlen Software-Schmieden mit Glaswänden." Ich vermute, wenn sie wirklich nachsehen würden, wofür agil tatsächlich steht, würden sie es verbieten.

Der Ursprung der ganzen agilen Bewegung liegt im *Agilen Manifest*[1] , begründet im Jahr 2001 von niemand geringerem als den Göttern der Software-Entwicklung, nämlich Männern (ja, nur Männer), die früher einen unbeschreiblich großen Einfluss auf den Entwicklungsprozess an sich hatten und auch immer noch haben. Aber lassen Sie uns einen Blick darauf werfen:

> Individuen und Interaktionen mehr als Prozesse und Werkzeuge.
> Funktionierende Software mehr als umfassende Dokumentation.

---

[1] https://agilemanifesto.org/iso/de/manifesto.html, AGI2001: Beck et al., Manifest für Agile Softwareentwicklung, 2001.

P. Winniewski, *Grundlagenwissen der Software-Entwicklung*, IT kompakt, https://doi.org/10.1007/978-3-658-42659-0_2

Zusammenarbeit mit dem Kunden mehr als Vertragsverhandlung.
Reagieren auf Veränderung mehr als das Befolgen eines Plans.
– *Agiles Manifest, 2001*

Prozesse, Dokumentation, Verträge und Pläne sind weniger wichtig? Das klingt wahrlich radikal. Aber es gibt Gründe dafür. Die Motivation für eine Erneuerung der Software-Entwicklung ist Frustration. Früher war die Produktion von Programmen eine Einbahnstraße. Man folgte strikt einem *Wasserfallmodell* – vom Entwurf bis zur Auslieferung –, bis die Arbeit erledigt war. Und das führte zu einigen Problemen. Vor allen Dingen entsprach die Arbeitskaskade so ziemlich einem Zaun-Schema. Man versuchte in erster Linie, den eigenen Müll über den Zaun zum Nachbarn zu werfen, denn: aus den Augen, aus dem Sinn. Ab diesem Zeitpunkt war das Arbeitspaket das Problem von jemand anderem. Darüber hinaus gab es in dem Modell keinen Spielraum für Fehler. Es gab keine Möglichkeit, auf Irrtümer in der Gestaltung des Produkts zu reagieren. Es gab keine Rücksprache mit dem Kunden, um sicherzustellen, dass das Team auf der richtigen Spur ist. Am Ende waren alle nur frustriert, Mitarbeiter wie Kunden.

Um nun aber alle Ziele erreichen zu können, riss die Gruppe der Agile-Bewegung alles aus den Prozessen, was Entwickler und andere Team-Mitglieder davon ablenken würde, das eigentliche Produkt zu erstellen. Die Botschaft lautet „Konzentrier' dich darauf, Software zu entwickeln!". Bestehen Sie also nicht auf konkrete Prozesse und lassen Sie das Team einen Weg finden, um schnell zu punkten. Verbringen Sie nicht mehr Zeit damit, zu beschreiben, was Sie machen, als mit der Tätigkeit an sich. Sehen Sie den Kunden als Teil des Entwicklungsprozesses an. Versuchen Sie, regelmäßige und direkte Rückmeldung zu erhalten, sodass Missverständnisse sofort sichtbar werden und Verbesserungen so früh wie möglich stattfinden können. Und bestehen Sie nicht auf die Durchführung Ihrer Planung, wenn sich die Vorbedingungen andauernd ändern.

Letzten Endes gibt es unterschiedliche Interpretationen und Verwirklichungen des agilen Konzepts. *Scrum, Kanban* und *Extreme Programming* sind nur einige davon.

Kommentar

Viele Personen und Unternehmen folgen nicht nur nicht dem Agilen Manifest, sie haben noch nicht einmal das Wasserfallmodell erreicht. Sie haben sogar noch keine ablenkenden Prozesse etabliert, können jedoch trotzdem keine ordentliche Software produzieren. Struktur in das Chaos einzuweben kann dabei helfen, Defizite aufzudecken und ein Bewusstsein für Aufgaben und ihre Bedeutung zu entwickeln. Sie werden danach anfangen zu verstehen, was Sie zum Erfolg führt.

Das Lustige ist, dass die Leute so sehr danach streben, agile Konzepte wie Scrum streng und exakt in ihren Unternehmen einzuführen, dass sie übersehen, dass sie der ersten Aussage im Agilen Manifest widersprechen.

API

Das *Application Programming Interface* oder kurz die *API* ist ein Punkt, an dem man sich mit der Software verbinden kann. Das Wort *Interface* heißt auf Deutsch *Schnittstelle* und kann als eine Liste aller Funktionalitäten beschrieben werden. Ein Eintrag in dieser Liste bezeichnen wir als API-Call bzw. API-Aufruf. Der zweite gängige Verbindungspunkt zu einer Software ist die *Benutzeroberfläche,* auf Englisch *GUI,* was für *Graphical User Interface* steht. Die GUI gibt es für die menschliche Interaktion mit einem Programm, während die API einen Zugangspunkt für eine andere Software bereitstellt.

Doch warum benötigt man überhaupt eine API? Reicht die GUI alleine nicht? Eine API hat viele Vorteile. Auf der einen Seite kann es beispielsweise sein, dass Sie ein weit entferntes System ansprechen möchten, weshalb Sie den Weg über das *Internet* gehen müssen und deswegen maschinenlesbare Daten benötigen. Auf der anderen Seite sind APIs sehr praktisch zur *Automatisierung.* Haben

Sie einmal eine langweilige Arbeit erledigt wie zu kopieren, ein-
zufügen, den ersten Buchstaben groß zu machen, die Leerzeichen
zu entfernen und so weiter? Nun, mit einer API kann man leicht
einen Automaten entwerfen, der alle diese Dinge macht, während
Sie sich mit einem leckeren Daiquiri in der Hand zurück lehnen.
Allerdings haben API-Programmierer für gewöhnlich noch komplexere Anwendungsfälle zu meistern und bevorzugen Kaffee.

Zwar sind APIs technische Kommunikationsschnittstellen, aber
meistens sind sie nicht nur maschinen-, sondern auch menschen-
lesbar. Für einen Programmierer sieht es dann einfach wie ein fest
strukturierter, simpler Text aus.

```
GET  |  user  |  id: number
```

zum Beispiel könnte ein Eintrag in einer Liste möglicher Befehle
sein. Wenn wir also

```
GET user id=123
```

versenden, dann gibt uns das System alle Informationen über den
Nutzer mit der *Identifier* 123 zurück. Aber bitte konzentrieren Sie
sich hier nicht zu sehr auf die genaue Gestalt eines Interface. Rein
theoretisch kann auch eine Excel-*Tabelle* oder ein E-Mail-Account
als API verwendet werden. Die einzige Bedingung ist, dass eine
Software sie senden und eine andere sie empfangen und verarbeiten
kann.

Die Seite, die normalerweise einen Nachrichtenaustausch
beginnt, nennt man *Client*. Die Seite, die den API-Zugriff zur Verfügung stellt, nennt man *Server.* Der Code, der eine API-Anfrage
empfängt, heißt *Endpoint*. Oder anders ausgedrückt: Der Client
sendet eine Nachricht an einen API-End-Point des Servers. Der
Server antwortet anschließend meist mit einer Antwortnachricht
zurück an den Client.

Selbstverständlich muss eine API abgesichert sein. Wie gesagt,
über eine API haben Maschinen Zugriff auf das Programm, das
dieses Interface bereitstellt. Diese Verbindung kann missbraucht
werden, um Daten verbotenerweise auszulesen oder Informationen
im System zu vernichten. Damit also Interaktionen durch Angreifer

unterbunden und eine Zugriffshistorie protokolliert wird, bieten die meisten APIs einen *Login* für Nutzer an, mit dem sie Namen und *Passwort* abfragen, so wie Sie es sicher von verschiedenen Webseiten her auch schon kennen. Die Anmeldung über den Login und die Abmeldung über den *Logout* sind folglich zwei weitere Befehle auf unserer API-Liste.

Es wäre nervig, die Login-Daten jedes Mal anzugeben, wenn man etwas mit der API tun will. Darum loggt man sich nur einmal ein und erhält daraufhin einen sogenannten *Token*. Ein Token ist eine Folge von Zeichen, die Sie als Nutzer identifiziert. Jetzt müssen Sie lediglich den Token jedes Mal mitsenden, wenn Sie auf die API zugreifen (das geschieht normalerweise automatisch), und sie wird wissen, welcher Nutzer sie gerade anspricht. Andere Benutzer können sich zur gleichen Zeit anmelden und erhalten einen anderen Token. Damit die API noch sicherer wird, kann man den Token nur für eine bestimmte Zeit nach dem letzten Zugriff verwenden. Wenn nun jemand Ihren Token stiehlt, wäre der Spaß für den Angreifer bereits nach einigen wenigen Minuten vorbei und weil er nur den Token und nicht etwa Ihre Zugangsdaten besitzt, kann er sich keinen neuen Token erzeugen lassen.

Der Zeitraum, in welchem Ihr Token gültig ist, nennt man *Session* oder *Sitzung*. Haben Sie mal eine Nachricht auftauchen sehen, in der „Sitzung abgelaufen" stand? Ja, genau das ist es, was da auch passiert ist! Sie hatten einen Token, haben eine Pause eingelegt und die Software hat entschieden, dass Sie einen neuen Token brauchen und sich deshalb neu einloggen sollen. Allerdings wusste Ihr Gerät noch nichts davon und nahm weiterhin den alten Token. Darum informierte Sie die API, dass eben dieser nicht mehr in Gebrauch sind. Systeme binden sehr viele Daten an eine Sitzung. Während diesem Zeitraum merken sie sich, auf welcher Seite Sie sich befinden, welche Produkte Sie im Warenkorb haben, welche Eingaben Sie gemacht haben und so weiter. Das bezeichnet man Session-Data bzw. Sitzungsdaten.

Wenn es um die Gestaltung einer API geht, kann es in der Realität unglücklicherweise trotz vorherrschender Standards ziemlich wild zugehen. Und genau das kann schnell unvorhergesehene Probleme mit sich bringen. Nehmen wir an, Ihr Produkt nutzt die Funktionen einer anderen Software über deren API. Wenn jetzt

dieses andere Programm versagt, sich ungewöhnlich verhält oder
es seine API sperrt, werden die Auswirkungen nämlich plötzlich in
Ihrer eigenen Software auftauchen und Ihre eigenen Kunden sauer
machen. Aus Reflex werden Sie dann vielleicht mit dem Finger auf
Ihre eigenen Entwickler zeigen, obwohl sie in diesem Fall völlig
unschuldig waren.

Darum sollte unbedingt eine Sache betont werden: Da die API
von Maschinen genutzt wird, darf sich das Aussehen der Schnittstelle und ihrer Aufrufe nicht verändern. Ein Computer kann nicht
einfach sagen „Oh, das sieht aber etwas anders aus als sonst. Ich
sollte die Nachricht anpassen.". Die Maschine macht haargenau
das, was man ihr aufgetragen hat, ohne Spielraum. Wenn Sie nun
das Design der API und ihrer Aufrufe verändern, wird das vermutlich alle angeschlossenen (und deshalb abhängigen) Systeme zum
Absturz bringen. Aus dem Grund sollten Sie niemals, niemals, niemals einen bereits vorhandenen und veröffentlichten API-Aufruf
verändern.

Aber Software ändert sich nun einmal. Sie wollen vielleicht
Funktionen hinzufügen oder entfernen. Und Sie möchten den
Zugriff auf das Programm über die API anpassen. Wie kann das
gelingen, wenn man die API nicht verändern darf? Die Antwort
lautet *Versionierung*. Jeder Call existiert dann in verschiedenen
Versionen. Wenn Sie also einen Aufruf verändern wollen, fügen
Sie eine neue Version hinzu und beschriften die vorherige Version in der Dokumentation als veraltet. Ignorieren Sie ab jetzt einfach alle Datenfelder, die in der neuen Version fehlen. Und nutzen
Sie Standard-Werte für Datenfelder, die neu hinzugekommen sind,
wenn der alte Aufruf verwendet wird. Erlauben Sie so die Nutzung
der abgelaufenen Version für ein oder zwei Jahre. Und vergessen
Sie bloß nicht alle API-Nutzer zu informieren, damit sie sich auf
die neue Version des Aufrufs einstellen und ihre eigene Software
rechtzeitig umschreiben können.

GUI und API können sogar miteinander Hand in Hand gehen.
Eine häufige und moderne Lösung ist es, die GUI als abgetrennte
Software zu realisieren, die quasi menschliche Interaktionen in
eine technische Sprache übersetzt, um anschließend über die API
einzugreifen. Auf diese Weise ist es irrelevant, wer wie etwas mit
dem Programm macht, denn die finale Schnittstelle bildet letztlich

immer die API, sodass stets der gleiche Satz an Aktionen zur Verfügung steht. Folglich erlebt man keine Überraschungen und es muss nur eine Schnittstelle seitens der Software gepflegt werden.

Lassen Sie uns einen schnellen Blick auf zwei weit verbreitete API-Technologien werfen.

REST

REST steht für *Representational State Transfer*. Es ist derzeit der neuste Stand der Technik und genießt breite Unterstützung. Das *World Wide Web* nutzt diese Art von *API*. Wenn Sie jemals

```
https://www.google.com
```

eingetippt haben, haben Sie bereits einmal einen API-Aufruf[2] zum *Google-Server* losgeschickt. Herzlichen Glückwunsch, Sie sind ja quasi schon ein API-Experte!

Ich möchte Ihnen noch zeigen, wie ein REST-Aufruf ungefähr aussieht. Aber denken Sie nicht zu lange darüber nach und versuchen Sie lediglich ein Gefühl dafür zu bekommen.

```
PUT https://google.com/v1/user/create?redirect=
    true&showMessage=false
token: sdlfkjsdflkJFLSKSLkfjsfk
content type: JSON
body:
{
    userName: 'Batman'
}
```

SOAP

SOAP steht für *Simple Object Access Protocol*. Es dürfte aber nach meinem Geschmack noch etwas simpler sein. SOAP wird heutzutage eher als veraltet angesehen. Der große Unterschied zwischen REST und SOAP ist, dass REST mehr auf Standardisierung der

---

[2] In diesem Fall einen „GET-Request".

Nachrichten setzt, während SOAP sich mehr auf die Einbindung der Funktionalität fokussiert.

Der große Nachteil von SOAP ist, dass Sie einen Code-Generator Quellcode erzeugen lassen müssen (die sogenannten *Stubs*), der der *API*-Beschreibung entspricht. Dieser Code wird in der *Programmiersprache* erstellt, die Sie in Ihrer Software nutzen. Es klingt also zunächst nach einer einfachen Aufgabe, die Schnittstelle anzubinden. Das Problem liegt aber darin, dass Sie mit jeder noch so kleinen Änderung der API den Code neu generieren und einfügen müssen, um von den neusten Funktionen zu profitieren. Am Ende kann die resultierende Kompatibilität sehr verwirrend sein und stark vom eingesetzten Stub-Generator abhängen. Mit REST ist jeder Aufruf komplett eigenständig und unabhängig, sodass einzelne API-Änderungen nicht die komplette Anbindung beeinflussen müssen.

Kommentar
Die API sollte sehr sorgfältig gestaltet werden. Sobald ein Aufruf öffentlich gemacht wurde, gibt es kein Zurück mehr. Reden Sie also darüber, wie eine Funktion genutzt werden sollte! Definieren Sie ein Datenmodell der Informationen, die Sie verarbeiten! Versuchen Sie, alle Standards einzuhalten und machen Sie Gebrauch von *Versionierung!* Halten Sie Ihre API-Dokumentation stets aktuell, z. B., indem Sie einen automatischen Dokumentationsgenerator einsetzen! Und versuchen Sie, das Verhalten der Software zu vereinheitlichen, indem Sie die GUI über die allgemeine API laufen lassen!

Und noch ein kleines Geheimnis: Weil die API sozusagen eine Liste aller Dinge ist, die man mit dem Programm machen kann, darf man es als Definition der Software selbst ansehen. Folglich kann man zuallererst alle REST-*Endpunkte* an den Beginn der Entwicklung stellen und danach den darunterliegenden Code dieser Struktur folgen lassen. Diese *Architektur* bezeichnet man als *RESTful Architecture.*

Architektur

Die *Architektur* einer Software ist ihre Technologie und Code-Struktur. Eine gezielte Architektur führt zu einem repetitiven und vorhersehbaren Design, was es leicht macht, die Konstruktion des Produkts zu verstehen. Eine schlampige Architektur führt jedoch nur zu Chaos. Letzteres wird häufig als *Big Ball of Mud,* also große Matschkugel, bezeichnet.

Es ist jedoch nicht nur eine Frage der Ästhetik. Eine chaotische Architektur bedeutet, dass weder die Struktur noch die Technologie vorbestimmt sind. Im Grunde genommen könnte jeder Bereich des Programms eine andere Architektur nutzen. Ein Entwickler muss dann viele verschiedene Schemas verstehen (und merken). Außerdem muss er zwischen diesen unterschiedlichen Bereichen hin und her übersetzen, was zusätzlich wertvolle Entwicklungszeit kostet. Und Chaos führt natürlich zwangsläufig zu noch mehr Chaos.

Analogie Stellen Sie sich Lichterketten an Weihnachten vor. Die sind auch immer ganz schön verknotet, wenn man sie aus der Kiste nimmt. Sie versuchen zwar Kontrolle über das Elend zu erlangen, aber jeder Versuch macht es eigentlich nur noch schlimmer.

Genau so sieht auch die große Matschkugel aus. Es wirkt so, als sei jeder Code-Bereich mit jedem anderen verbunden, wie ein Knäuel. Haben Sie sich nicht auch schon einmal gefragt, warum etwas an dem einen Ende kaputt geht, wenn die Coder gerade an einem ganz anderen Ende arbeiten? Sehen Sie, jetzt wissen Sie es. Man muss schlicht viele andere Teile des Quellcodes anfassen, wenn man etwas ändert, und man kann noch nicht einmal erkennen, ob man alles Wichtige erwischt hat.

Im Gegensatz dazu unterstützt eine gute Architektur den Entwickler sogar. Man findet leicht alle Stellen im Code, die angepasst werden müssen. Man erkennt direkt, welche Bereiche der Software auf welche Weise betroffen sein werden. Und man muss sich noch nicht einmal viele Gedanken darüber machen, wie man den Code verändern muss – es reicht, der Architektur zu folgen.

Das bedeutet, dass Software-Entwicklung durch eine ordentliche Architektur schnell, stabil und somit kostengünstiger wird. Darum setzen viele Unternehmen auf einen dedizierten *Software-Architekten*. Diese Person überwacht Qualitätsparameter der Architektur, definiert Ziel-Architekturen, kommuniziert Tabus an die Programmierer und koordiniert den Übergang zu und den Erhalt von hohen Qualitätsstandards.

Monolith

Der *Monolith* ist die schlechteste Form einer Architektur. Verstehen Sie mich aber nicht falsch, es kann durchaus sein, dass eine monolithische Software flink und ohne *Bugs* ist. Nur ist es sehr unwahrscheinlich. Der Monolith erhielt seinen Namen vom Aussehen seiner Struktur. Er ist nämlich homogen. Alles ist mit allem verbunden. Der Code sieht aus wie ein einzelner großer Block und man kann keine Untergliederungen erkennen, da es keine Grenzziehungen gibt. Zudem kann man nicht wirklich vorhersagen, was der Code tun wird.

So wie im Film „2001: Odyssee im Weltraum" ist der Monolith der einzige Quell der absoluten Wahrheit. Es gibt keine andere Möglichkeit als den Daten beim Zick-Zack-Tanz durch diesen Dschungel zuzuschauen. Folglich kann man einem Problem nur sehr qualvoll auf die Schliche kommen. Sie können schlicht und ergreifend nicht erkennen, woher ein Stück Information herkommt und was es macht. Das bedeutet, dass man manchmal Stunden im Dreck wühlen muss, um ein einziges Wörtchen im Code zu verändern.

Es ist ziemlich riskant, einen Monolith umzugestalten. Die Bestandteile sind schwer zu unterscheiden und abzugrenzen, weshalb es schwierig ist zu entscheiden, wo man das Skalpell ansetzt. Immer wieder müssen Denkpausen eingelegt werden, weil man sich neu auf sein aktuelles Ziel fokussieren muss, denn angrenzende Bereiche lenken einen immer wieder ab. Und wahrscheinlich wird ein solcher Chirurg während der Operation irgendetwas kaputt machen. Trotzdem ist es der einzige Weg zu einem höherwertigen Code.

Modulare Architektur

Eine *Modulare Architektur* darf nicht mit *Modulen* aus Nutzersicht verwechselt werden. Es kann durchaus sein, dass Sie Module auf der *Benutzeroberfläche* anzeigen, z. B. um sie Kunden als Erweiterungen anzubieten. Doch alleine das garantiert noch lange nicht, dass der dahinter liegende Code ebenso modular ist.

Modulare Strukturen gruppieren Code-Bereiche, die zur selben Funktion des Programms gehören. Je weniger spezifisch die Funktionalität, desto mehr Code findet sich in der entsprechenden Gruppierung.

Beispiel Sie bieten eine Bezahlfunktion an. Darin enthalten sind Funktionen für PayPal, Standardüberweisungen und PayDirect. Diese Anforderung führt dazu, dass Sie ein Bezahlmodul erhalten, das wiederum drei weitere, spezifischere Module einschließt.

Es gibt einen Trick, um zu prüfen, ob Ihre Struktur tatsächlich modular ist. Nehmen wir an, dass Sie eine Funktion entfernen möchten. In wirklich modularen Architekturen müssen Sie dafür lediglich ein Element auswählen (wie etwa einen Dateiordner oder ein Paket) und dieses entfernen. In weniger modularen Strukturen müssen Sie hingegen alle Stellen im Programm finden, die auf die Funktionalität verweisen, denn der Code ist nicht sauber gruppiert. Stattdessen ist die Funktion weiträumig verteilt und somit nicht modular gestaltet.

Die Vorteile modularer Software ist die einfache Erweiterbarkeit, schnelle Entwicklung, höhere Stabilität, bessere Testbarkeit und potentiell größere *Performanz.*

Microservice-Architektur

Der Begriff *Microservice* ist wohl eines der häufigsten Schlagworte der letzten Jahre, wohl nur übertroffen von *Machine Learning.* Scheinbar kann man mit beidem zusammen die Welt beherrschen. Aber worum geht es überhaupt? Microservices bilden eine Architektur, die eine extreme Form der Modularisierung darstellt. Man teilt dabei eine Funktion nicht nur auf Code-Ebene, sondern lässt die Module sogar unabhängig voneinander laufen, beispielsweise auf unterschiedlichen Computern. Microservices haben sowohl Vor- als auch Nachteile. In vielen Fällen ist es nicht sinnvoll, zu dieser Architektur zu wechseln. Aber eines nach dem anderen:

Ein Microservice ist ein Teil einer Software, das unabhängig von allen anderen Teilen ausgeführt wird, manchmal sogar auf einem eigenen Gerät. Um das gleiche Verhalten wie die Nicht-Microservice-Variante an den Tag zu legen, müssen die *Services* sehr viel miteinander in einem Service-*Netzwerk* kommunizieren. Der Tanz der Service-Daten muss hier sehr sorgfältig choreographiert werden.

Der große Vorteil von Microservices ist die *Skalierbarkeit.*

Beispiel Sagen wir, es gibt aufgrund einer schlauen Werbestrategie einen plötzlichen Ansturm von Nutzern, die sich neu registrieren. Allerdings melden sie sich lediglich an und verwenden ansonsten keine anderen Funktionen im System. Also kann das System sich dazu entscheiden, von sich aus mehr Rechner zu starten, die ausschließlich Registrierungs-Services laufen lassen. Auf diese Weise haben Sie auf die große Nachfrage reagiert, wobei andere Services mit weniger Leistung laufen, was Strom spart (bzw. Rechenleistung, die Sie theoretisch sogar veräußern könnten, solange Sie sie nicht selber benötigen).

Der Nachteil ist der zusätzliche Aufwand, um den fleißigen Bienenschwarm an Services zu koordinieren und kontrollieren. Wenn Sie eigentlich keine Lastverteilung *(Load Balancing)* benötigen, z. B. weil die Auslastung in etwa konstant bleibt oder weil Lastspitzen keine Probleme verursachen, dann können Microservices Ihr Programm sogar wegen der Umständlichkeit *(Overhead)* verlangsamen. Außerdem ist es schwierig, alle Services konsistent zu halten, was natürlich eine potentielle Fehlerquelle darstellt.

Automation

Sie denken vielleicht „Hey, na klar weiß ich, was Automation bedeutet!" und ja, selbstverständlich wissen Sie das! Sie sind ein wundervoller und intelligenter Mensch! Ich meine, Sie haben immerhin dieses Buch hier gekauft. Selbst wenn Sie es sich nur ausgeliehen haben, dann sind Sie trotzdem noch ziemlich cool, weil Sie es lesen. Und nein, das hier packe ich nicht in ein Kommentarkästchen, weil es nämlich ein Fakt ist. An der Stelle will ich also lediglich ein paar Gedanken zu diesem Thema hinzufügen, die Sie mit berücksichtigen sollten.

Automation stellt in den meisten Fällen einfach eine Liste an Dingen dar, die eine Maschine bei einem bestimmten Auslöser tut. Und genau hier fängt das Problem auch schon an. Es kann bestimmte Situationen geben (Programmzustände), in denen diese Aufgabenliste unerwarteterweise nicht passt – eine Situation, an die niemand vorher dachte. Ein Entwickler kann zwar versuchen, die Automation toleranter gegenüber falschen Daten zu gestalten, aber es ist schwer, einen Feind zu bezwingen, den Sie nicht kennen. Zum Glück gibt es drei Dinge, die wir tun können. Als erstes kapseln Sie die Automation in einen speziell gesicherten Bereich in Ihrem Code ein, so dass ein Fehler nur diesen Ausführungsversuch betrifft und nicht etwa das ganze Programm abstürzen lässt. Das bezeichnet man als Fehler-Handling oder *Exception Handling*. Zweitens können Sie umfangreiches *Fehler-Logging* betreiben, um mit Hilfe so vieler Informationen wie möglich zu verstehen, was eigentlich schief läuft. Und drittens sollten Sie die Software so konzipieren, dass sie bei fehlerhaften Automationen einen echten Menschen direkt informiert, der dann schnellstens reagieren und potentielle Probleme händisch korrigieren kann. Manchmal sind automatisierte Aufgaben ein kritischer Teil des Geschäfts und Sie wollen wirklich nicht erst im Nachhinein merken, dass der Geldfluss aufgrund eines technischen Fehlers seit Wochen versiegt ist.

Der zweite Punkt zum Thema Automation ist der Auslöser (oder Trigger). Der Automat muss schließlich wissen, wann er seine Liste abarbeiten soll. Lassen Sie mich Ihnen ein paar Typen von Auslösern vorstellen.

Timer

Ein *Timer,* oft auch als *Cron Job* bezeichnet, stellt eine Art Zeit-
schaltuhr dar. Das Auslösen erfolgt also zu bestimmten Zeiten.

Beispiel Ein Timer löst beispielsweise täglich um 3:00 Uhr nach-
mittags aus. Meistens verwendet man einen Timer, der um Mitternacht losgeht, für Datenkorrekturen und Aufräumarbeiten. Damit
möchte man Rechenlast in ein Zeitfenster verschieben, in dem kein
anderer Nutzer davon negative Auswirkungen spürt. Und 0:00 Uhr
klingt doch nett. Dennoch sollten Sie es in Erwägung ziehen, eine
solche Automation doch eher um 23:00 Uhr oder um 1:00 Uhr aus-
zuführen, weil es womöglich andere Akteure im System gibt, die
Mitternacht ebenfalls für ihre Aktionen ausgewählt haben. Daher
könnte es sehr gut sein, dass andere Programme ebenfalls plötzliche, starke Lastspitzen verursachen. Und es könnte sogar sein,
dass der *Internet-Router* sich um Mitternacht neu verbindet, was
die Verbindung zum Internet für ein paar Minuten trennt. Das alles
sind mögliche Fehlerquellen.

Polling

Analogie Die Kinder auf dem Rücksitz rufen: „Sind wir bald da?
Sind wir bald da? Sind wir bald da?"

Genau das ist *Polling,* eine Dauer-Abfrage. Das Programm könnte
regelmäßig, z. B. jede Sekunde oder Minute, fragen, ob es etwas
zu tun gibt und, wenn das der Fall ist, eine Automation starten.
Das Problem mit dem Polling besteht darin, dass Sie diese Frage
stets beantworten müssen und das erzeugt eine konstante, unpro-
duktive Arbeitslast und Umstände *(Overhead).* Wenn der Abruf
der Antwort aufwendig ist, dann wird das noch einmal schlimmer.
Unglücklicherweise ist Polling manchmal der einzige Weg, um
rechtzeitig auf unabhängige Änderungen reagieren zu können.

Events

Wenn Sie auf eine Änderung reagieren möchten, dann können Sie sich mit etwas Glück vom System, in welchem sich etwas ändert, eine Mitteilung schicken lassen. Diese Nachricht nennt man *Event* (Ereignis) und im Falle einer *API* bezeichnet man es als *Callback,* sprich Rückruf. In dem Fall, dass Sie Callbacks von einer API erhalten möchten, müssen Sie Nachrichten des entsprechenden Typs über einen API-Aufruf abonnieren. Egal ob API oder Fremdsystem, ein Event sollte stets die Bedeutung haben, dass die jeweilige Änderung schon komplett abgeschlossen wurde und dass ein anderer Akteur auch direkt mit seiner Automation starten darf.

Watchdog

Der *Watchdog* (Wachhund) ist eine spezielle Form der Automation. Normalerweise ist es Aufgabe eines Watchdogs, Probleme und Fehler aufzuspüren, die ohne ihn schwer zu finden wären.

Beispiel Sie sprechen eine API-Funktion an, erhalten jedoch keine Antwort. Nun könnte das schlicht bedeuten, dass das Programm, das die API anbietet, gerade stark ausgelastet ist und man ein wenig auf die Antwort warten muss. Allerdings könnte es ebenso sein, dass sich die Software aufgehängt hat und Sie jetzt darauf reagieren müssen. Das Problem besteht nun darin, dass Sie von außen nicht erkennen können, welcher Fall vorliegt. Ein Watchdog kann an der Stelle ein Polling durchführen, um den Status regelmäßig abzufragen und nach einer zuvor bestimmten Zeitspanne Alarm zu schlagen, sofern keine Antwort von der API eintrifft.

> **Kommentar**
> Wir haben eben erst gelernt, dass Polling mit einem zusätzlichen *Rechenaufwand* einhergeht. Aber es gibt einen schönen Trick, um diesen Overhead klein zu halten. Die erste Abfrage erfolgt nach z. B. einer Sekunde, die nächste nach

zwei, dann nach vier Sekunden, acht, sechzehn, zweiund-
dreißig, vierundsechzig und so weiter. Diese Methode folgt
dem Fakt, dass man mit längerer tatsächlicher Wartezeit auch
eine längere potentielle Wartezeit erhält. In anderen Worten:
Wenn ich nicht weiß, was vorliegt, dann ist es sinnvoll, nur
Sekunden zu warten. Aber wenn ich bereits weiß, dass ich
eine Stunde lang keine Antwort erhalten habe, dann ist es
sinnvoll, nur stündlich nachzusehen.

Heartbeat

Ein *Heartbeat* (dt. Herzschlag) ist ein Signal bzw. eine Nachricht
innerhalb eines *Netzwerks,* welches regelmäßig von jedem Teilnehmer versendet wird, um Bereitschaft anzuzeigen. Wenn ein Computer plötzlich keinen Herzschlag mehr sendet, nimmt jeder andere
Computer im Verbund an, dass dieser Teilnehmer verschwunden
und nicht mehr erreichbar ist.

Ein ähnlicher Mechanismus kann auch gut in Software umgesetzt werden, um die Existenz von *Modulen* oder Elementen anzuzeigen oder um deutlich zu machen, dass Prozesse noch laufen,
auch wenn sie ihren Endzustand noch nicht erreicht haben.

Beispiel Sie nutzen einen *Microservice,* um eine Menge Daten
zu verarbeiten. Darum ist die Antwortzeit des Systems sehr lang.
Somit lässt sich nur schwer sagen, ob der Prozess abgestürzt oder
einfach nur sehr langsam ist. Um anzuzeigen, dass er noch am leben
ist, könnte der Microservice von Zeit zu Zeit einen Herzschlag
senden. Auf diese Weise wissen Sie, dass Sie einfach nur noch ein
wenig länger warten und nicht etwa einen Fehler beheben müssen.

Betriebssystem

Vielleicht denken Sie, dass das *Betriebssystem* (bzw. *Operating
System* oder *OS*) eines Geräts lediglich den Bildschirmhintergrund

und ein paar Basisfunktionen wie den Taschenrechner umfasst. Doch das wäre eine sehr eingeschränkte Sichtweise. Das Betriebssystem, sei es *Android, iOS, Windows* oder *Linux*, ist die Brücke zwischen Ihrer gesamten Computer-*Hardware* und jeglicher Software, die auf dem Rechner läuft.

Dementsprechend ermöglicht das OS überhaupt erst, dass Maus, Tastatur, Bildschirm, Drucker etc. erreichbar sind und verwendet werden können. Ihr Browser hätte überhaupt nichts anzuzeigen, wenn das Betriebssystem nicht die *Netzwerkkomponenten* ansprechen würde. Beim Zugriff auf die Hardware führt es außerdem noch Sicherheitsprüfungen durch und optimiert die *Performanz* neben der Organisierung einer parallelen Nutzung von Ressourcen.

Darüber hinaus ist das Betriebssystem hauptverantwortlich für die Abarbeitung von Befehlen im *Prozessor* und für die temporäre Speicherung von Daten im *Hauptspeicher*. Es übergibt Befehle an den Chip und setzt die Berechnungsstrategie bestmöglich um. Das OS erstellt außerdem virtuelle Umgebungen, in denen Programme so aufgeführt werden können, dass sie sich gegenseitig nicht in die Quere kommen. Das ungewollte Zwischenspiel war in den neunziger Jahren noch häufig ein Grund für Abstürze.

Wenn ich sage, dass das Betriebssystem die Verarbeitung organisiert, dann meine ich damit etwas, was großen Einfluss auf die Gestaltung von Programmen hat. Beispielsweise haben Prozessoren heutzutage oft mehrere *Kerne (Cores),* was die gleichzeitige, also *nebenläufige,* Bearbeitung von Befehlen erlaubt. Das OS kann Verarbeitungsaufgaben auf diese Kerne aufteilen, wobei die Abhängigkeiten zwischen ihnen berücksichtigt werden. Das System erkennt dazu Befehle, die eine (vergleichsweise) lange Wartezeit verursachen, wie z. B. Netzwerk-Aufgaben oder Zugriffe auf langsame Datenträger. Dann werden davon unabhängige Befehle vorbeigeschleust und dadurch der Gesamtablauf verbessert. Entwickler nennen das alles *Multi Threading,* zu Deutsch Nebenläufigkeit, und *Prozess*-Management.

Breaking Change

Analogie Wenn Sie sich ein neues Auto kaufen, für das Ihre Garage nicht mehr groß genug ist, dann ist das ein *Breaking Change*. Und der Aufstieg in eine höhere soziale Schicht.

Der Begriff lässt sich nur schwer übersetzen. Im Grunde handelt es sich um eine Änderung, die etwas kaputt macht. Man erkennt diese Art von Problemen oft schon im Voraus. Es könnte beispielsweise eine bekannte Inkompatibilität zwischen Elementen geben oder es müssen Vorbedingungen erfüllt werden, die noch nicht berücksichtigt wurden.

Beispiel Eine typische Situation: Die Entwickler wollen ein neues *Framework* einbinden, weil das alte nicht mehr gewartet wird und nun Sicherheitsprobleme verursacht. Allerdings erfordert das neue Framework auch das *Installieren* einer neuen Zusatzsoftware auf den Kundenrechnern. Das heißt, dass Sie ihre Computer vor dem Aufspielen der nächsten Programmversion vorbereiten müssen. Und natürlich sollten Sie sorgfältig abwägen, ob Sie den Breaking Change in Kauf nehmen, und Sie sollten definitiv Ihre Kunden rechtzeitig über mögliche Probleme informieren.

Kommentar

Selbstverständlich versucht jeder, Änderungen so sanft wie möglich zu gestalten. Trotzdem sind harte Schnitte manchmal unvermeidbar. Wenn Sie eine große Last an veralteter Technologie hinter sich herziehen, nur um dem Kunden ein möglichst sympathisches Nutzererlebnis zu bieten, dann erhöhen Sie den *Wartungsaufwand* enorm und Sie machen Ihr Produkt fehleranfällig.

Meiner Erfahrung nach verstehen Kunden oft die Notwendigkeit von Breaking Changes und dass sie nicht immer vermieden werden können. Wenn sie nicht zu häufig passieren und alle Nutzer genau Bescheid wissen, was sie wann machen müssen, dann kann die Akzeptanz sogar recht hoch sein.

Bugs

Hurra! Sicher birgt kein anderes Thema ein so großes Konfliktpotential. Das schreit geradezu nach einem tiefgreifenden Einblick. Da ich schon beide Seiten der Diskussion selber eingenommen habe, versuche ich, die Wurzeln der häufigsten Missverständnisse aufzuklären.

Starten wir doch mit der Bezeichnung. *Bugs* ist das englische Wort für Käfer oder Wanze und man nennt Computerprobleme so, weil Insekten zu Zeiten mechanischer Geräte eine häufige Ursache für Probleme waren. Abhängig davon, wie sauber Ihr Büro ist, sind Käfer heutzutage eher seltener die Quelle von Software-Fehlern.

Der Begriff „Bug" beschreibt für gewöhnlich jede Form von Fehlverhalten im Programm. Das kann ein Absturz sein, ein *Deadlock* oder ein *Livelock,* das Überspringen von Rechenschritten, eine negative Beeinflussung eines Computers oder anderer Software oder eine falsche Datenverarbeitung. Wenn man sich bewusst macht, dass das vorbestimmte Verhalten eines Programms extrem spezifisch ist, dann erkennt man, dass das Gegenteil davon eine unendliche Zahl an Dingen einschließt, die die Software nicht tun soll. Das erklärt die große Zahl an Fehlern, die täglich auftreten. Dem entsprechend ist die Wahrscheinlichkeit für unerwünschtes Verhalten überraschend hoch. Addieren Sie dazu unvorhersehbare menschliche Interaktionen und Sie erhalten die Grundursache für Ihre lange Fehlerliste.

Bugs vs. Funktionen vs. Definitionen

Die ewige Diskussion über „Das ist ein Bug!" und „Nein, das ist ein Feature!" ist das Gefängnis der modernen Code-Entwicklung. Und womöglich ist dieses Missverständnis der letztendliche Ausdruck des Unterschieds zwischen Entwicklern und Nicht-Entwicklern. Allerdings gibt es zwei Arten von „Das ist ein Feature!".

Der erste Typ stammt von verwunderten Nutzern. Ein Nutzer interagiert mit dem Programm und wird mit einem unerwarteten Verhalten konfrontiert. Es kann dabei gut sein, dass die Software genau das macht, was der Hersteller vorgesehen hat. Trotzdem beschwert sich der Kunde darüber. Man sieht das häufig bei Funktionen, die ungewöhnlich oder sehr kreativ sind; jedoch auch bei Features, die vom Rest des Programms sehr abweichen oder ganz anders sind als bei anderen Programmen bzw. Software im Allgemeinen.

Beispiel Eine Finanz-Software öffnet nach jeder einzelnen Überweisungen ein Pop-Up-Fenster und bietet Ihnen an, eine Übersicht aller Transaktionen auszudrucken. Das war vom Dienstleister auch genau so vorgesehen. Aber der Nutzer ist einfach nur genervt davon, besonders, wenn mehrere Überweisungen gleichzeitig anstehen. Der Dienstleister argumentiert, dass dadurch mehr Sicherheit entsteht und man ein besseres Bewusstsein über die Vorgänge auf dem Konto bekommt. Demnach wäre es eine Funktion, wenn auch eine schlechte. Das Programm verhält sich exakt wie vorgesehen.

Die Definition eines Programms ist der Goldstandard, an dem sich eine Entwicklung messen muss. Wenn ein Produkt komplett die Definition erfüllt, enthält es keine Bugs. Folgerichtig ist eine Aufgabe, die die Definition ändert oder erweitert, ein Feature-Request, also die Anforderung einer neuen Funktion (auch, wenn der Nutzer das anders sieht). Insbesondere stellt eine Übererfüllung der Definition (z. B. Zusatzfunktionen) keinen Fehler dar. Das gilt auch, wenn sie aus Entwicklungssicht ungeschickt ist, weil es unnötigen Code produziert, der *Wartungskosten* verursacht.

Kommentar

Vorsicht: Die Unterscheidung zwischen Bugs und Features lässt noch keinen Schluss auf die Dringlichkeit zu! Es kann drängende Funktionen geben und unkritische Probleme. Ich betone das, weil manche gewitzte Füchse ab und zu versuchen, ihre Wünsche durchzudrücken, indem sie sie als schwerwiegende Bugs deklarieren. Kennen Sie die Geschichte vom Jungen, der immer „Hilfe, Wölfe!" ruft?

Die zweite Art von „Feature, kein Bug" ereignet sich innerhalb des entwickelnden Unternehmens. Um es noch einmal zu betonen: Für den Programmierer ist ein Bug die Abweichung vom vordefinierten Programmverhalten. Wenn es also eine Situation gibt, einen Fall, der während des Entwicklungsprozesses nicht erkannt wurde und unerwünschtes Verhalten verursacht, dann akzeptieren Programmierer das normalerweise nicht als Bug. Sie argumentieren, dass schließlich nichts fehlerhaft sei, sondern sich schlicht die Definition verändert habe.

Beispiel Der Computer explodiert, sobald jemand eine Nummer statt eines Namens ins Textfeld einträgt. Die Definition enthielt nie eine Prüfung oder Bereinigung der Eingabe. Darum sagt der *Product Owner,* dass das Programm tolerant gegenüber Nutzungsfehlern sein solle und der bisherige Zustand eine offene Tür für kritische Probleme sei. Die Entwickler sagen, dass die Prüfung der Textbox ein neues Feature sei, weil das Erfordernis bisher nie kommuniziert wurde.

Gut, an der Stelle muss ich sehr viele Dinge erklären – es hat sich bereits einiges angestaut. Beginnen wir mit der Kommunikation. Die Entwicklung von Software erfordert eine Beschreibung in Form von Code. Dieser Code gibt dem Entwickler gar keinen Spielraum und es gibt absolut keinen Raum für Interpretationen. Das heißt, dass ein Programm abstürzt, wenn nicht haargenau klar ist, was es machen soll. Das Schreiben von Code ist eine *mathematische* Tätigkeit. Das Problem besteht in der Übersetzung zwischen menschlicher Sprache und der *Programmiersprache,* weil die Software nur „ja und nein" statt „manchmal, vielleicht" versteht. Deshalb ist es für den Programmierer sehr schwer, ausschweifende oder wortkarge Beschreibungen von Nicht-Entwicklern in ganz genauen Programmcode zu übertragen. Während der Interpretation können außerdem viele Missverständnisse vorkommen.

Das zweite Problem der Kommunikation ist das Wissen. Manche Product Owner sind der Ansicht, dass Programmierer weitreichendes Wissen über das jeweilige Themengebiet der Software haben sollten. Und ich stimme darin zu, dass Entwickler so viel Erfahrung wie möglich im entsprechenden Thema sammeln sollten. Aber ein Programmierer wird nie ein absoluter Experte zum Programmverhalten sein können. Entwickler wissen bereits Unmengen über *Informatik* im Allgemeinen und müssen sogar noch mehr solches Wissen anhäufen und dazulernen. Das lässt nur sehr wenig Raum für weitere Lernaktivitäten. Dazu kommt, dass man davon ausgehen kann, dass ein Programmierer im Schnitt alle zwei bis drei Jahre den Arbeitsplatz wechselt, wobei sich das Themengebiet der Unternehmen so extrem ändern kann wie Lady Gagas Klamotten. Das führt jedes Mal dazu, dass der Programmierer von vorne anfängt. Außerdem ist manches Wissen, das der Product Owner als selbstverständlich ansieht, Neuland für den Entwickler. Sie wissen womöglich, dass ein Unternehmen anders besteuert wird als ein Endkunde, aber der Programmierer weiß das vielleicht nicht. Es lässt sich schwer einschätzen, was selbsterklärend ist und was nicht. Ich sage Ihnen das, weil ich betonen möchte, dass Sie von einem Entwickler nicht erwarten sollten, dass er zwischen den Zeilen lesen kann. Sie müssen dabei nicht etwa erklären, was ein Namens-Textfeld ist. Dennoch sollten Sie Ihre Definitionen so verfassen, als ob Sie es für die dreizehnjährige Urlaubsaushilfe tun.

Warum aber müssen wir überhaupt zwischen Bugs und Funktionen unterscheiden? Und warum werden Entwickler deswegen immer gleich so sauer, vor allem, wenn doch die Einordnung nichts über die Dringlichkeit aussagt? Die Antworten lauten: Geld, Stolz und Strategie.

Die Anzahl an Bugs wird häufig als Indikator für die Qualität der Programmierung betrachtet. Obwohl diese Sichtweise im Grunde genommen zu einfach ist, sind Bugs dennoch der offensichtlichste Hinweis für Probleme im Code. Allerdings erzeugt kein Entwickler absichtlich Bugs. Letztlich sind bestimmte Programmierer oder Entwicklungsteams für einen spezifischen Bereich der Software verantwortlich. Darum kann man stets auch leicht mit dem Finger auf jemanden zeigen, wenn man einen Schuldigen braucht.

Falls Sie nun denken, dass Schuldzuweisungen in einem professionellen Berufsumfeld nicht passieren, dann liegen Sie falsch. Schauen Sie sich beispielsweise das meistgenutzte System zur *Versionskontrolle Git* an. Eine der Funktionen dort heißt ganz offiziell *blame,* also „beschuldigen". Damit kann man sich den Namen des Entwicklers ausgeben lassen, der als letzter in einem Code-Abschnitt tätig war. Dazu können Managementsysteme für Aufgaben (wie *Jira*) und Werkzeuge zur Code-Analyse ausgeben, wie viele Probleme es in bestimmten Bereichen des Produkts gibt. Und dazu lässt sich meist auch leicht ein zugehöriges Team benennen.

Es ist deprimierend, wenn der Finger auf einen selbst zeigt. Je engagierter Sie sind, desto mehr schämen Sie sich, wenn Sie einmal der Schuldige sein sollten. Jeder Bug schmerzt da gleich auf einem emotionalen Niveau. Wen es trifft, den zieht das ganz schön runter. Wenn ein ganzes Team den Schwarzen Peter bekommt, dann kann das die Gruppenmotivation für Wochen pulverisieren. Je ernsthafter und professioneller ein Team arbeiten möchte, desto mehr Gewicht liegt in einem eintreffenden Problembericht. Es gibt zwei Arten von Entwicklern – und glauben Sie mir, die Art, die Sie in Ihrem Unternehmen halten möchten, nimmt Fehler und Probleme wirklich ernst. Als Ausdruck dieses Engagements ist eine emotionale Reaktion deshalb zu erwarten.

Außerdem entscheiden sich manche Unternehmen, den Wert eines Programmierers oder Teams anhand der Anzahl an Bugs in ihrer Verantwortlichkeit zu bemessen. Das bedeutet, dass ein neuer *Fehlerbericht* – selbst, wenn er ohne Korrektur wieder geschlossen wird – die Wahrscheinlichkeit für eine Lohnerhöhung, Auszahlung eines Bonus, Investitionen in ein Team, den Freiraum und die Menge übertragener Verantwortung verringern kann.

Kommentar

Es ist eine schlechte Idee, das Gehalt an die Anzahl von Bugs
zu koppeln, denn die Fehlerzahl ist ein sehr eingeschränktes
Werkzeug zur Einschätzung der Code-Qualität. Beispiel: Es
ist leicht, Code ohne Bugs zu schreiben, den jedoch nur der
Autor selber versteht. Sobald er kündigt, ist das Unternehmen dennoch aufgeschmissen. Oder man schreibt Code in
einem viel genutzten Bereich des Produkts, sodass die Zeilen
zwangsläufig intensiv durchgetestet werden, was natürlich
auch tendenziell zu mehr Fehlerberichten führt. Oder man
schreibt grottenschlechten Code in einem Areal, das brach
liegt, sodass gar keine Problemberichte eintreffen. Oder aber
Sie überarbeiten einen bestimmten Bereich des Programms
(siehe *Refactoring*), was häufig zu neuen Bugs führt, aber die
Grundqualität des Codes um Lichtjahre voranbringt. Deshalb sagt die reine Anzahl an Bugs fast nichts über die Qualität der Entwickler aus, insbesondere im Vergleich zueinander.

Übrigens, wenn wir schon einmal dabei sind: Es ist ebenfalls eine schlechte Idee, nach Anzahl geschriebener Code-
Zeilen zu zahlen. Ein Entwickler kann den Quellcode ohne
Probleme wie einen Heißluftballon aufblasen. Es sollte klar
sein, dass das bei der Steigerung der Qualität nicht gerade
hilfreich wäre.

Auf der Suche nach Alternativen ist es genauso schwierig, Programmierer z. B. nach der Menge gelöster Aufgaben
zu vergleichen. Je nachdem, wer die ursprüngliche Aufgabe
gestaltet hat, kann sie sehr umfassend oder nur ein atomarer
Bestandteil einer größeren Aufgabe sein. Zudem erledigen
manche Entwickler nebenbei noch organisatorische Dinge,
was oft schwer zu erfassen ist.

Die beste Möglichkeit, den Wert eines Programmierers
zu ermitteln, ist es, einfach die direkten Kollegen nach einer
anonymen Einschätzung zu fragen. Das hat mit Abstand die
größte Aussagekraft.

Es gibt noch weitere Aspekte bei der Unterscheidung zwischen Bugs und Features. Während Bugs einem nicht zwingend sagen, wie gut ein Code ist, können sie dennoch ausdrücken, dass ein Defizit im Bezug auf die Anforderungen herrscht. Dieses Defizit könnte in der Definition, der *Performanz* oder der Stabilität liegen. Eine Häufung an Problemberichten kann ein Hinweis darauf sein, dass ein bestimmter Teil der Software, der auch viel verwendet wird, Aufmerksamkeit benötigt. Anders ausgedrückt: Hat man viele Anfragen für neue Funktionen, dann ist das oft ein Zeichen dafür, dass der Code gut ist und viele Ideen zur Erweiterung existieren. Eine große Zahl an Fehlerberichten bedeutet hingegen, dass der dazugehörige Code nicht gut genug ist und weiter verbessert werden muss, um ein akzeptables Niveau zu erreichen.

Fehlerbeschreibung

Es ist eine Kunst, einen perfekten *Fehlerbericht* bzw. *Bug Report* zu verfassen. Ein für allemal, „Geht nicht." reicht definitiv nicht als Beschreibung. Wie Sie gleich im Abschnitt zum Thema *Debugging* sehen werden, benötigt ein Entwickler sehr viele Informationen, um ein Problem zu beheben. Und es ist besser, zu viele Informationen als zu wenige anzugeben. Denken Sie immer daran, dass eine Minute, die Sie mehr in den Bericht stecken, am Ende den Entwickler Stunden an Arbeit sparen könnte. Außerdem sorgt eine eindeutige Beschreibung dafür, dass man weniger bei Ihnen nachfragen muss, sodass letztlich alle auch weniger abgelenkt werden.

Ich selbst bevorzugte als Entwickler stets die Struktur „Hintergrund – Ist-Zustand – Soll-Zustand". Der Hintergrund liefert den Kontext darüber, worum es bei der jeweiligen Funktion geht, ob es kürzlich Änderungen gab, wie viele Nutzer sich beschwerten und so weiter. Wenn man dann Ist- und Soll-Zustand einander gegenüber stellt, dann sollte das im Idealfall genau beschreiben, was man anpassen muss. Und nochmal: „Geht nicht. Soll wieder gehen." reicht nicht.

Eine weitere wichtige Information, die ein Fehlerbericht enthalten sollte, ist der Weg zur Reproduktion des Problems. Im besten Fall findet man eine Schritt-für-Schritt-Anleitung, um von einem allgemeinen Zustand zu einem Fehler zu gelangen. Falls man spezielle Daten benötigt, um das Fehlverhalten zu provozieren, dann fügen Sie sie als Anhang zum Bericht an.

Zusätzlich können Informationen über das System, in welchem der Fehler auftrat, dabei helfen, die Ursache zu finden. Nicht nur die eingesetzte Software-Version (oder noch besser: die exakte Nummer des *Builds*), sondern auch die Eigenschaften der *Hardware,* die Nutzungsumgebung, die Anzahl verarbeiteter Datensätze, die Anzahl täglicher Nutzer und ähnliche Metriken. Falls beispielsweise Probleme mit der *Performanz* in einem einzigen, mäßig ausgelasteten Kundensystem auftreten, dann kann das stark dabei helfen, die Menge potentieller Gründe für den Bug einzugrenzen. Als außenstehende Person können Sie nicht wissen, welches Puzzlestück am Ende das Bild des Täters vervollständigt.

Debugging

Für Nicht-Entwickler bedeutet *Bug-Fixing* einfach, dass man in den entsprechenden Bereich schaut und das Problem löst. Aber das trifft an sich auf jedes Problem ganz allgemein zu. Ich möchte nun detaillierter beschreiben, wie ein Programmierer Bugs findet und behebt. Nach diesem Abschnitt werden Sie verstehen, weshalb manche Probleme leicht und manche schwer zu lösen sind.

Der ganze *Debugging*-Prozess beginnt mit dem Vorbereiten des Systems. Man muss sicherstellen, dass das eigene System möglichst ähnlich wie das System konfiguriert ist, in welchem das Problem auftrat. Das kann beispielsweise der Austausch der *Datenbank,* das Herunterladen und Aktivieren der im Bericht erwähnten Programmversion sowie das Einrichten weiterer Abhängigkeiten sein. Wie man sieht, kann das alleine schon einige Minuten dauern. Und genau diese Konfigurationsdauer ist einer der Gründe dafür, dass Entwickler kaum zwischen verschiedenen Aufgaben hin und her springen können. Es wäre eine zu große Zeitverschwendung.

Der fragliche Code muss in eine *IDE* geladen werden. Eine IDE ist ein Werkzeug, mit dem man die betrachtete Software starten kann, während man gleichzeitig auf ihren Code schaut. Stellen Sie sich das Prozedere wie eine Operation am offenen Herzen vor. Der lebende Patient liegt vor uns und wir führen vorsichtig kleine Prüfungen an ihm durch, mit ständigem Blick auf den Cardio-Monitor. Übrigens sollten Entwickler deshalb auch mindestens zwei Bildschirme für ihren Rechner besitzen.

Jetzt versucht der Programmierer einen Weg zu finden, den Fehler in seinem System zu reproduzieren. Dafür nutzt er (im Idealfall) eine Schritt-für-Schritt-Anleitung aus dem Bericht. Wenn das Nachstellen des Bugs auch nach mehreren Versuchen scheitert, pausiert der Entwickler den Korrekturprozess und fragt nach mehr Informationen, um zu einem späteren Zeitpunkt fortzufahren. Die Unterbrechung und das Aufsetzen der nächsten Aufgabe kosten wiederum zusätzliche Zeit.

Analogie Wenn der Bug erfolgreich wiederholt werden konnte, sucht der Entwickler nach dem entsprechenden Ort im Code, in dem sich der Fehler dem Programmnutzer offenbart. Das ist nicht zwingend auch der Tatort. Es ist der Platz, an dem wir das Opfer finden. Und genauso wie ein Detektiv verfolgt der Programmierer die Beweisspur zurück. Wie funktioniert das? Der Code ist an sich in etwa eine Folge von Arbeitsbefehlen. Der Ort des Verbrechens ist entweder die Code-Zeile, in der dem Nutzer falsche Daten angezeigt werden oder die Zeile des letzten ausgeführten Schritts, in welchem etwas schlimmes passiert. Für einen erfahrenen Entwickler kann es ein Leichtes sein, diese Zeile zu finden. Für jemanden, der die Befehlsfolge und Struktur des Abschnitts aber nicht kennt, kann das auch sehr schwierig sein. Außerdem ist es möglich, dass man mehrere Versuche braucht, um zu einer Code-Zeile zu gelangen, die nahe am Punkt der Manifestation eines Problems liegt. Alleine das kann schon entweder kurz oder sehr lange dauern. Man könnte es mit einer Tat vergleichen, bei der das Opfer noch vermisst wird.

Wenn Sie einmal eine schöne Code-Zeile gefunden haben, würden Sie dort als Entwickler einen *Breakpoint,* also einen Stopppunkt setzen. Das ist eine kleine Markierung neben der Nummer der Zeile, die man im Blick hat. Weil der Entwickler das Programm über seine IDE im sogenannten *Debug-Modus* laufen lässt, kann er den Computer den Ablauf einfrieren lassen, bevor die Software eben jene Zeile ausführt. Der Debug-Modus hat jedoch noch weitere Vorteile. Sobald man den Breakpoint erreicht hat, kann der Programmierer mit der Maus über die Platzhalter in dieser Zeile und einigen Zeilen davor fahren und sich so deren Inhalt ansehen. Dadurch findet man fehlende oder falsche Daten.

Am liebsten würden wir das Programm natürlich einfach rückwärts laufen lassen. Unglücklicherweise ist das technisch nicht möglich. Darum muss der Entwickler den Code rückwärts lesen, um ihn zum Ursprung des Fehlers zurück zu verfolgen. Auch das kann sehr herausfordernd sein. Manchmal hat ein falscher Dateneintrag genau eine mögliche Quelle. Manchmal jedoch gibt es mehrere Stellen im Code, die zur gerade betrachteten Zeile springen. Das heißt, dass mehrere Verdächtige Zugang zum Ort hatten, wo wir das Opfer oder eine Fährte fanden. Zum Glück haben wir immer noch die Breakpoints. Wir können Stoppunkte an alle Zeilen setzen, die auf den Tatort mehr oder weniger direkt verweisen. Und wenn wir den Fehler jetzt wieder reproduzieren, dann prüfen wir einfach, welcher der vielen Breakpoints anschlägt. Auf diese Weise können wir nach und nach den Pfad, den die Software genommen hat, rekonstruieren.

Je nachdem, wie lang der Weg von der Ursache zum sichtbaren Bug ist, muss man diese Prozedur mehrmals durchführen. Man prüft den Code, setzt den Stoppunkt, verursacht den Fehler auf der *Benutzeroberfläche*, schaut nach den Breakpoints, liest die Zeilen davor und so weiter. Wie Sie sicher erkennen, kann das schnell gehen oder sehr lange dauern. Und es ist beinahe unmöglich, vorherzusagen, wie lange ein Bugfix dauern wird, ohne einen tiefen Blick in den Code zu werfen. Letztlich müsste man die eigentlich Rückverfolgung durchführen, um eine hinreichend genaue Prognose abgeben zu können. Und das wäre in den meisten Fällen ja bereits der größte Teil der Lösung selbst.

Falls man nach dem Grund dafür sucht, dass ein Prozessschritt nicht ausgeführt wurde, ist der Ablauf ähnlich. Man setzt einen Stoppunkt nahe der ignorierten Zeile und lässt die IDE dort hinein laufen. Eine weitere praktische Eigenschaft von Breakpoints ist, dass man ausgehend von einer so markierten Zeile schrittweise durch den Code gehen kann. Das funktioniert zwar nicht rückwärts, aber vorwärts. Der Entwickler erhält so Einsicht in die Bearbeitung der nachfolgenden Zeilen, kann auch dort die Daten auslesen, sogar große Bereiche überspringen oder tiefer in den Code einsteigen.

Man bekommt einen guten Eindruck für die Grundursache eines Bugs, wenn man so herum schnüffelt. Womöglich war ein Befehl mit dem System inkompatibel, vielleicht war der Code falsch, vielleicht hat der Benutzer vergessen, bestimmte Daten einzutragen und es gab weder eine Prüfung noch eine Warnung. Egal, was der Grund war: der Entwickler muss entscheiden, ob der Bug gelöst werden kann und falls ja, wie. Bei sehr schwierigen Problemen würde ein guter Programmierer bei der verantwortlichen Person (meist dem *Product Owner*) nachfragen und das Problem schildern, zusammen mit möglichen Lösungsideen und der Erklärung ihrer Vor- und Nachteile. Das wäre die Grundlage für weitere Diskussionen und Einschätzungen.

Am Ende sollte klar sein, wie der Code verändert werden muss. Der Entwickler legt einen neuen Branch an – quasi eine Arbeitskopie. Das hilft dabei, störende Interferenzen zwischen den Entwicklern zu reduzieren und stellt sicher, dass die Änderungen erst dann veröffentlicht werden, wenn ein Tester die umgesetzte Korrektur freigegeben hat. Der Programmierer sollte seine Lösung zwar definitiv auch im eigenen System überprüft haben, doch eine unabhängige Beurteilung bleibt weiterhin notwendig, um eine hinreichende Qualität zu gewährleisten.

Ich möchte Ihnen noch einen Spezialfall des Debuggings zeigen. Man nennt ihn *Remote Debugging,* übersetzt bedeutet das soviel wie „ferngesteuertes Problemlösen". Ich habe gerade erklärt, dass das System, auf welchem der Entwickler den Fehler nachzustellen versucht, so nah wie möglich an das System herankommen sollte, in welchem der berichtete Fehler eigentlich auftrat. Das System, das diesem freilich am nächsten kommt, ist das fehlerhafte System selbst. Manchmal hat ein Entwickler Fernzugriff auf dieses System, z. B. über ein lokales *Netzwerk* oder über das *Internet,* so dass er die dort ausgeführten Aktionen auf dem eigenen Rechner verfolgen kann. Diese Art des Debuggings ist sehr langsam, wenn es um Breakpoints geht, jedoch perfekt, falls die Vorbereitung viel zu lange dauern würde oder das Problem auf Teufel komm raus nicht reproduziert werden kann. Achtung: Nicht alle *Entwicklungsum-*

gebungen unterstützen diese Art von Debugging, außerdem benötigt man Zugriffsrechte auf das Fremdsystem, was umständliche Konfigurationen der *Firewall* erfordern könnte.

Eine weitere Hilfe im Debugging-Prozess sind *Docker-Snapshots*. Wenn Ihr Produkt in einem Docker-Container läuft, dann könnten Sie eventuell Momentaufnahmen der Software direkt vor oder nach dem Auftreten eines Fehlers machen. Anschließend können Sie das Programm mitsamt seiner Konfigurationen immer wieder direkt an diesem Punkt starten. Dadurch können Ihre Entwickler den Fehler schnell und einfach reproduzieren, wodurch Sie viel Zeit für Konfiguration, Vorbereitung, Nachstellen usw. sparen. Lesen Sie mehr dazu im Abschnitt zum Thema Docker.

Bus

Ich bin mir ziemlich sicher, dass Sie eigentlich nach dem Abschnitt „Bugs", nicht „Bus", gesucht haben. Das wäre dann der größte Teil des bisherigen Buchs. Für alle, die tatsächlich wissen wollen, was es mit dem *Bus* auf sich hat, kommt jetzt die Erklärung.

Ein Software- oder *Hardware*-Bus kann mit einem... Bus verglichen werden, nur eben zum Datenaustausch. Ebenso wie der Bus auf der Straße können Daten an bestimmten vordefinierten Stellen in den Bus ein- und aus dem Bus aussteigen. Zwischen diesen Punkten teilen sich die Daten den Bus, um an ihr Ziel zu gelangen. Ein Einstiegspunkt muss nicht zwingend auch ein Ausstiegspunkt sein und umgekehrt. Und die Kapazität des Busses kann von einem bis hin zu mehreren Sitzplätzen reichen, ist jedoch meist nicht unendlich. Aus diesem Grund müssen Daten von Zeit zu Zeit warten, bis wieder Platz im Bus frei wird.

Die Gestaltung eines technischen Busses kann stark variieren. Ein Hardware-Bus ist der Draht in einem Kabel oder eine Kupferbahn auf einer Platine. Ein Software-Bus kann beispielsweise ein temporärer Datenspeicher sein. Das bedeutet, dass ein Bus eher einem abstrakten Konzept statt einem ganz konkreten Ding entspricht. Und das lässt viel Spielraum für die jeweilige Umsetzung. *USB* bzw. der *Universal Serial Bus* ist ein Beispiel für einen Hardware-Bus.

Weshalb brauchen wir Busse? Genauso wie im echten Leben sind Busse günstige und gut strukturierte Transportmittel – in diesem Fall geht es natürlich um Datentransport. Die Alternative dazu wäre eine Verbindung zwischen jedem möglichen Einstiegs- und Ausstiegspunkt. Wir wollen das einmal nachrechnen. Oder vielmehr: Lassen Sie mich das einmal nachrechnen.

Beispiel Nehmen wir an, dass jeder Einstiegspunkt auch ein Ausstiegspunkt ist und wir zehn Haltestellen haben. Wenn wir stattdessen jeden Punkt mit jedem anderen über eine eigens dafür gebaute Straße verbinden wollen, dann hätten wir ganze 45 Straßen, jeweils mit Fahrbahnen in zwei Richtungen. Wie Sie sich sicher denken können, ist es wesentlich praktischer, einfach nur eine lange Straße zu bauen, die alle Punkte abdeckt.

Es gibt aber noch einen weiteren Vorteil von Bussen. Beim Beispiel mit den dedizierten Straßen erkennt man schnell, dass man alle erreichbaren Punkte schon kennen muss, bevor man sich auf den Weg macht, denn man muss bereits auf der richtigen Straße los laufen. Der Bus hingegen erlaubt es einem, zu starten ohne genau zu wissen, wohin man möchte. Nein, man muss nicht einmal wissen, ob es überhaupt eine passende Endhaltestelle gibt. Das bedeutet, dass das Konzept eines Busses die Punkte unabhängiger voneinander macht. Aber Vorsicht, es kann dennoch versteckte Abhängigkeiten geben, falls Datensätze zwingend passende *Endpunkte* benötigen oder wenn die Reihenfolge der Punkte eine Auswirkung auf das Gesamtverhalten des Systems hat.

Eine Frage wurde bisher noch nicht beantwortet: Woher weiß ein *Datum,* wo es aussteigen soll? Nun, es trägt eine Art Notiz bei sich. Der Busfahrer schaut sich diese Notiz an und sagt, an welchem Punkt das Datum aussteigen muss. Und weil es viele verschiedene Bus-Systeme gibt, kann das Ergebnis variieren, je nach Ausgestaltung. Bei manchen Bus-Typen ignoriert der Fahrer überfüllte Stopps und öffnet die Tür nur bei leeren Haltestellen und bei anderen öffnet der Fahrer die Tür bei jedem passenden Stopp, quasi wie bei einer Rundfahrt. Und bei einigen Bus-Arten fährt man ausschließlich bis zum ersten passenden Haltepunkt.

Bus-Faktor

Überraschenderweise hat der Begriff *Bus-Faktor* (auch als *Truck-Faktor* oder *Lotto-Faktor* bezeichnet) nichts mit Computer-Bussen, sondern mit Omnibussen zu tun. Achtung: Die nächsten Zeilen sind nicht für schwache Nerven! Kurz gesagt handelt es sich um eine Zahl, die besagt, wie viele Mitglieder Ihres Teams von einem Bus angefahren werden (bzw. wie viele im Lotto gewinnen und kündigen) müssten, damit Ihr Projekt komplett zum Erliegen kommt. Das etwas martialische Bild möchte in drastischen Worten wachrütteln und dafür sensibilisieren, dass unvorhergesehene Ereignisse geschehen können und dass Ihr Projekt oder Ihr Unternehmen stark von einzelnen Personen abhängig sein kann, an die Sie gar nicht denken.

Natürlich kann jeder Verlust nach einiger Zeit auf die ein oder andere Weise kompensiert werden. Allerdings kann es durchaus sein, dass die Aufholjagd bei all den plötzlichen Herausforderungen nicht schnell genug vonstatten gehen könnte, sodass das Projekt letztlich durch verpasste *Deadlines* oder ausgehende finanzielle Mittel scheitern würde.

Es ist wichtig, zu verstehen, dass wir nicht alleine über reine Arbeitsleistung sprechen, sondern über Menschen, die unersetzlich sind, weil sie spezielle Fähigkeiten, Fachwissen oder außerordentliche Beziehungen besitzen. Der eingeschränkte Zugriff auf physische Schlüssel ist ebenso Thema beim Bus-Faktor wie der Zugang zu *Passwörtern* und anderen wichtigen Ressourcen. Das Wissen über komplizierte und kritische Prozesse wäre ein weiteres Beispiel.

Wie Sie sich vorstellen können, ist es überaus wichtig, den Bus-Faktor in Ihrer Gruppe oder Ihrem Unternehmen zu erhöhen. Es gibt dabei verschiedene Strategien, um diese „Oh verdammt, bitte nicht"-Momente zu vermeiden. Als erstes sollten Sie die Einhörner – die Personen mit besonderem Wert – ausmachen, indem Sie herum fragen, wer denn definitiv sein Handy auch im Urlaub nicht ausschalten darf. Diese Personen müssen ihr Wissen mit anderen teilen und ihre Vertreter ausreichend schulen. Zweitens sollten Sie ein ordentliches Dokumentationssystem in Ihrem Unternehmen einführen. Wichtige Informationen müssen schnell und einfach zugänglich sein. Sorgen Sie dafür, dass alle dazu aufgerufen werden, zumindest hin und wieder ein paar rettende Worte über ihre Arbeit aufzuschreiben. Sie sollten sich drittens auf die Suche nach kritischen Aufgaben und Prozessen in den Teams machen, sie definieren und Rückfall-Pläne schmieden – nur für den Fall der Fälle. Viertens: Alles sollte einfach und verständlich gestaltet sein.

Kommentar

Die schlimmste Art, den Bus-Faktor zu erleben, ist die Kündigung eines Mitarbeiters, weil er frustriert ist oder nicht genügend Anerkennung erhielt. Team-Mitglieder, die eine hohe Frustrationsschwelle besitzen, neigen dazu, lange zu bleiben, so dass sie nach und nach schwerer zu ersetzen sind, aber auch mehr und mehr Wut anstauen, was zu unvorhergesehenen Explosionen führen wird, vielleicht sogar zur Kündigung. Und ein großer Verlust im Team kann schnell zu einer Kaskade weiterer Kündigungen führen, dem sogenannten Brain-Drain, dem Verlust von Wissen und Können. Bevor Sie also Leute ziehen lassen, werden Sie sich ihres tatsächlichen Werts im Unternehmen bewusst und wägen Sie diesen Wert mit den entsprechend steigenden Projektkosten ab.

Clean Coding

Die Clean-Bewegung ist eine Philosophie oder ein Paradigma in der Software-Entwicklung. Es wurde zuerst beschrieben von einer Koryphäe der Programmierung, nämlich *Robert C. Martin* (auch *Uncle Bob* genannt). Er schrieb die Bücher *Clean Code* und *Clean Architecture* (neben weiteren „Clean-Werken"). Abgesehen von kleiner Kritik feiern und ehren die meisten Entwickler seine Publikationen. In den Werken werden sehr viele Probleme der Software-Entwicklung angesprochen und detaillierte Lösungen präsentiert. Im Gegensatz zum Buch, das Sie gerade in der Hand halten, sind die Clean-Bücher explizit für Programmierer verfasst und somit schwer für alle Außenstehenden zu verstehen.

Kommentar
Ich bin der Meinung, dass jeder Entwickler zumindest Clean Code und Clean Architecture gelesen haben sollte. Diese beiden Werke sind bedeutende Quellen des Wissens und sorgen dafür, dass man selber besseren Code schreibt. Noch besser: Man beginnt darüber nachzudenken, wie man Code überhaupt verfassen sollte und weshalb manche Ansätze und Lösungen zu bevorzugen sind. Auch wenn man nicht mit allem übereinstimmen muss, was in den Büchern zu finden ist, so muss man bei Ablehnung trotzdem erklären können, warum man es anders sieht, denn Martin begründet jeden Ratschlag tiefgreifend. Darüber hinaus arbeitete er stets mit anderen außerordentlich erfahrenen Kollegen zusammen, um seine Empfehlungen zu entwickeln.

Cloud

Die *Cloud* scheint oft eine himmlische Lösung für alle möglichen Arten an Problemen in Software-Unternehmen zu sein. Doch bevor Sie in Betracht ziehen, Ihr Produkt in eine Cloud zu *migrieren*, sollten Sie vorher sichergehen, dass Sie auch wissen, was das überhaupt ist.

Das erste Problem ist, dass der Begriff Cloud unterschiedlich benutzt wird und es kaum eine feste Definition gibt. In vielen Fällen will man sich noch nicht einmal einig darüber werden, was eine Cloud eigentlich ist. Viele Unternehmen möchten ihr Produkt als Cloud-kompatibel anpreisen, damit es modern und futuristisch wirkt. Daher ist es oft ein Marketing-Schlagwort, ohne dass man die Bedeutung und Konsequenzen der Technologie tatsächlich kennt.

Allerdings könnte man die Gemeinsamkeiten der Konzepte so zusammenfassen, dass es sich immer um eine Software handelt, die auf Computern bzw. *Servern* läuft, die nicht dem Endnutzer oder Kunden gehören, sondern dem *Dienstanbieter.* Was der Kunde also letztlich erhält, ist lediglich der Zugriff auf ein bereits laufendes System, nicht die Software selbst. Das bezeichnet man häufig als *SaaS* oder *Software as a Service,* das Programm ist die Dienstleistung. Anders gesagt kauft man die Fähigkeit, die Funktionalität, und nicht die durchführende Software selbst.

Dieses Modell hat viele Auswirkungen auf das Geschäft beider Seiten. Für Kunden liegt der große Vorteil darin, dass man keine Geräte mehr erwerben und warten muss, damit die Software läuft. Außerdem werden sämtliche *Updates* meist schnell und automatisch aufgespielt, da der Software-Anbieter die volle Kontrolle über die *Installationen* besitzt. Aber ein großer Nachteil ist, dass der Nutzer stets Zugriff auf die entfernten Server haben muss, zu jeder Zeit. Das erfordert eine stabile und schnelle *Internetverbindung.* Dazu kommt, dass der SaaS-Ansatz oft mit einem Abo-Modell für Nutzungskosten gekoppelt wird, was bedeutet, dass die Investition anders berechnet werden muss. Am Ende kann es aber vor allem die Tatsache sein, dass alle Daten an Fremdserver übertragen werden müssen, was die Cloud unattraktiv macht, weil es den Anforderungen der europäischen *DSGVO* zuwiderlaufen kann. Die meisten SaaS-Anbieter sitzen in den USA und ihre Vereinbarungen werden für gewöhnlich nicht von den Gerichten akzeptiert[3].

Für den Software-Anbieter ist es ein großer Vorteil, dass er die vollständige Kontrolle über die eingesetzte *Hardware* hat, was bedeutet, dass sie stets an die Erfordernisse des Programms angepasst ist. Darüber hinaus kann das Unternehmen den *Deployment-* und Installationsprozess steuern. Dadurch können *Bug-Fixes* und neue Funktionen schnell und für alle gleichzeitig verteilt werden. Zügiger Support bei Problemen und die Möglichkeit, alle denkbaren Arten an Nutzungsmessungen durchzuführen sind zwei weitere Vorteile der Cloud. Andererseits hat das Unternehmen, das das Produkt hostet, mehr Verantwortung als beim klassischen Modell.

---

[3] siehe „EU-US Privacy Shield".

Man muss immer sicherstellen, dass die Software zu jeder Zeit läuft und erreichbar ist. Anforderungen an Datensicherheit müssen ebenso erfüllt werden wie Datenschutz.

Es gibt verschiedene Varianten der technischen Umsetzung. Eine sehr einfache Lösung ist, dass der Software-Anbieter seine eigenen Server-Geräte besitzt, auf denen das Produkt installiert wird, manchmal für jeden Kunden separat. Das Hauptproblem mit diesem Ansatz ist, dass ein dauerhafter Betrieb ohne merkliche *Ausfallzeiten,* sogenannte *Downtimes,* kaum realisierbar ist. Sehr oft reicht die Bandbreite der Internetverbindung nicht aus. Dazu konzentrieren sich viele dieser einfachen Server-Lösungen nicht im Geringsten auf *Performanz* und Lasten-*Skalierbarkeit.* Viele Experten wären sogar der Meinung, dass es sich hierbei also eigentlich gar nicht um eine echte Cloud handelt.

Ausfallzeiten sind besonders problematisch in Zusammenhang mit *SLAs,* den *Service Level Agreements* oder zu Deutsch der *Dienstleistungs-Güte-Vereinbarung.* Diese Verträge zwischen Software-Anbietern und Kunden definieren den Mindeststandard der Dienstleistung. Das schließt beispielsweise Antwortzeiten eines Systems, Ausfallzeiten, Fehlerumfang und -lösung, Reaktionszeit bei Problemen, Support-Verfügbarkeit und ähnliche Parameter ein. Die Verletzung dieser vereinbarten Grenzwerte kann leicht zu Eskalations-Meetings oder sogar juristischen Auseinandersetzungen führen.

Der Ansatz, der am ehesten als Cloud begriffen wird, ist das Hosting durch einen *Service*-Anbieter wie *Amazon AWS, Microsoft Azure* oder *Google Cloud.* Solche Unternehmen betreiben Server-Farmen, deren Rechenkapazität man kaufen kann. Ein Unternehmenskunde erwirbt also keine Hardware, sondern eine gewisse Rechenleistung. Wenn Sie eine Software-Dienstleistung anbieten, dann können Sie Ihr Produkt auf den Cloud-Servern dieses dritten Unternehmens hosten und weiterhin die Kontrolle über Installation, Datenzugriff usw. behalten – Sie müssen sich einfach nur nicht mehr um die Hardware kümmern. Der Endnutzer kann von außen nicht beurteilen, wer die Server tatsächlich betreibt und worauf das Programm faktisch läuft.

Ein großer Vorteil dieser echten Cloud-Anbieter ist, dass man flexibles Hosting mit dynamischem *Load Balancing,* also Lasten-

verteilung, und Skalierbarkeit der *Performanz* kombinieren kann.
Wenn mehr Nutzer ihre Systeme starten, werden auch mehr echte
Server beim Cloud-Dienstleister hochgefahren. Man kann sein
Produkt zusätzlich über *Microservices* umsetzen, um optimale
Ergebnisse zu erzielen. Durch eine feinere Granularität können
Bereiche der Software nämlich noch besser skaliert werden.

Beispiel Sie entwickeln ein Programm zur Aufnahme, Nachbearbeitung und zum Upload von Podcasts. Bei der klassischen Herangehensweise würden Sie Installationsdateien an die Nutzer verteilen. Im Cloud-Modell verkaufen Sie jedoch Zugriffsrechte, quasi
Logins. Anstatt mehrerer Instanzen auf vielen Computern auf der
ganzen Welt gibt es nur eine einzige Instanz der Software in einer
Cloud (die Server-Farm weit weg), auf die von allen Nutzern auf
der Welt zugegriffen wird. Das ist übrigens auch einer der Gründe,
weswegen Sie darauf achten sollten, wo genau die Server stehen,
denn manchmal sorgt eine zu weite Entfernung für merkliche Ver-
zögerungen.

Dieses eine Programm ist aufgeteilt in mehrere Microservices
wie Registrierung, Datenaufzeichnung, Kommunikation zwischen
Teilnehmern einer Sitzung, Nachbearbeitung, Upload und Statistik. Der Kniff besteht nun darin, dass all diese Dinge abgeschlossene Tätigkeiten Ihres Produkts sind und Sie sich nie sicher sein
können, wie viele Nutzer gerade welche Aktion durchführen.

Nehmen wir an, dass Sie gerade eine sehr erfolgreiche Werbe-
kampagne durchführen. Dadurch steigt die Last im *Modul* für die
Neukunden-Registrierung enorm. Außerdem nehmen Ihre Kun-
den neue Podcasts eher abends auf, da sie da oft mehr Zeit haben.
Die Nachbearbeitung von Aufnahmen geschieht zu keiner speziel-
len Tageszeit und das Hochladen von Podcast-Folgen ins System
wird eher für die Nacht geplant, wo man den Computer und seine
Internetleitung selber nicht benötigt. Mit einer Trennung all dieser
Module kann ein Cloud-Anbieter die beste *Performanz* zu jeder
Zeit sicherstellen, weil sich das Gesamtsystem an die jeweiligen
Anforderungen der Rechenkapazität dynamisch anpassen kann.

Code Monkey

Code Monkey ebenso wie *Programmieräffchen* ist ein abwerten-
der Begriff für Programmierer. Die einzige Aufgabe für solche
Coder ist es, die Beschreibungen eines Software-Verhaltens direkt
in Code zu übersetzen. Entscheidungen über die Ausgestaltung
von Funktionen oder technische Details liegen nicht im Verant-
wortungsbereich einer solchen Person. Daher muss sie im Grunde
keine Entscheidungen treffen.

Obwohl es nach einem einfachen Job klingt, ein Code Monkey zu sein, sehen Entwickler den Begriff als Beleidigung. Sie
bewerten sich selbst nämlich oft als geübt und erfahren. Ihnen
Verantwortung wegzunehmen heißt ebenfalls, ihnen Freiheiten zu
entziehen. Und die meisten Entwickler würden es eher bevorzugen, eine forderndere Aufgabe zu übernehmen – mindestens aus
Langeweile, eher aber noch aus einem Gefühl der Bevormundung
heraus. Man bekommt schlicht den Eindruck, dass einem nicht
vertraut wird und das tut weh.

Zum Glück gibt es in einer modernen Software-Entwicklung
jedoch für gewöhnlich genug Spielraum für Programmierer, um
an Design-Entscheidungen teilzunehmen. Ignorieren Sie aber nicht
die Warnsignale, wenn jemand sagt, dass er sich wie ein Programmieräffchen fühlt. Es ist ein Ausdruck tiefer Unzufriedenheit.

Code Review

Der *Code Review* oder kurz *Review* ist ein wichtiger Teil der Programmierung. Sobald ein Entwickler denkt, seine Aufgabe fertig-
gestellt zu haben, schaut sich ein anderer Entwickler die Änderungen am Code an und prüft sie auf Korrektheit und Plausibilität. Das
Ziel ist natürlich das Aufspüren von Flüchtigkeitsfehlern, potentiellen Problemen und Verletzungen der Programmierrichtlinien,
aber auch das Teilen von Wissen und Fähigkeiten. Ich würde mich
als sehr sorgfältigen Entwickler bezeichnen und dennoch würde
ich niemals den Review-Schritt überspringen, weil ich genau weiß,
wie oft mich die zusätzliche Überprüfung schon gerettet hat.

Jedes Unternehmen macht die Reviews ein wenig anders. In manchen Teams sitzt der Reviewer neben dem Programmierer und schaut zusammen mit ihm in den Code. Manchmal wird der Prozess aber asynchron über ein zusätzliches technisches System umgesetzt. Manche suchen sich selbst einen Prüfer aus und manche Teams lassen den Zufallsgenerator entscheiden. Und manchmal ist der Revierer ein Entwickler auf Augenhöhe und manchmal ist es ein ranghöherer Experte. Jeder Ansatz hat natürlich andere Vor- und Nachteile. Das wirklich Wichtige ist aber, dass man zusätzlich zum automatischen Nachverfolgen von Metriken überhaupt Reviews durchführen sollte. Genauso wichtig sind das Verfassen von Code-Tests und die gewöhnliche allgemeine Funktionsprüfung des Produkts.

Compiling

Haftungsausschluss an alle Experten: Ich musste dieses Kapitel vereinfachen, damit es verständlich bleibt. Das tut mir leid.

Es gibt verschiedene Arten von *Programmiersprachen* und sie führen ihre Software jeweils auch auf unterschiedliche Weisen aus. Ein Typus erfordert einen *Compiling*-Schritt, um das geschriebene Programm starten zu können.

Kurz gesagt wird beim Kompilieren der von Ihnen geschriebene Code in Befehle übersetzt, die vom jeweiligen *Prozessor*-Chip verstanden werden können. Diese Befehle bezeichnet man als *Bytecode*. Man schreibt also die Software-Beschreibung in normalem Code und lässt den Compiler diesen Text in eine Datei konvertieren, die Bytecode enthält. Anschließend kann man die Software aus dieser Datei heraus starten.

Weil es viele verschiedene Arten von Prozessoren gibt (Intel, AMD, ARM, Apple, etc.), muss man seinen ursprünglichen Code normalerweise auch für jede dieser Sorten separat kompilieren. Jeder Prozessor versteht nur einen bestimmten Satz an Befehlen. Genau das ist auch der Grund, warum man beim Download und *Installieren* eines Programms vorher das vorliegende System angeben muss.

Darüber hinaus beinhaltet der Compiling-Schritt noch weitere komplexe Aktionen. Zum Beispiel werden noch diverse Optimierungen durchgeführt. Das hat auch eine Kürzung des Codes zur Folge. Es spielt also keine Rolle, ob man seinen Code ausschweifend und redselig gestaltet oder die Zeilen kompakt hält, wenn beide Varianten genau das gleiche Programmverhalten beschreiben, dann wird in beiden Fällen der Bytecode sehr ähnlich aussehen.

Dazu verbessert ein Compiler auch die *Performanz* einer Software.

Beispiel Nehmen wir an, Sie wollen die Rechnung

$$3,14 \cdot 2$$

mehrmals in Ihrem Code verwenden. Der Compiler wird den Code, der diese Rechnung durchführt, aber nicht mehrfach in das Programm einbauen, sondern stattdessen selber die Berechnung durchführen und lediglich das Ergebnis in die entsprechenden Stellen einsetzen. Weil der Compiler viele solcher Änderungen durchführt, kann man auch kaum den originalen Code aus dem Bytecode wiederherstellen.

Ein Compiler kann auch einige Fehler im Code deutlich machen wie z. B. fehlender oder unerreichbarer Code, unerlaubte Befehle und potentielle Ursachen von *Bugs*. Das erfordert jedoch eine weitreichende Einstellung des Compilers. Normalerweise ist ein Compiler nahtlos in eine *IDE* eingebunden, sodass Anwendung und Konfiguration relativ komfortabel möglich sind.

Einige der Sprachen, die eine Kompilierung erfordern, gehören zu den am häufigsten genutzten Programmiersprachen der Software-Entwicklung, beispielsweise *Java, C#, C++*, und *.NET*. Sprachen, die nicht kompiliert werden müssen, nennt man *Skriptsprachen*. Skripte benötigen sogenannte *Interpreter,* welche schlicht das Skript auslesen und mit dem Prozessor direkt kommunizieren. Ein Beispiel dafür ist *JavaScript*.

Selbstverständlich gibt es auch hier Ausnahmen. Java wird nicht in Prozessor-lesbaren Bytecode kompiliert, sondern in Java-

Bytecode. Der Gedanke dahinter war, dass man nur ein einziges Programm spezialisiert auf den vorliegenden Prozessor-Typen installiert, nämlich die *Java Runtime Environment (JRE)*. Jedes Java-Programm, das nun die Standard-Kompilierung erhält, läuft auf jeder JRE und denkt quasi, dass die JRE der Prozessor ist. Man könnte sagen, dass hier die Spezialisierung in eine extra Schicht ausgelagert wurde, damit man das, was sich häufig ändert, nämlich die eigentlichen Programme, vereinheitlichen kann. Somit ist die JRE eine Art *virtueller Prozessor,* der aber mit dem tatsächlichen Prozessor kommuniziert. Dadurch wird die Programmierarbeit weitestgehend unabhängig von konkreten Systemen und man muss das finale *Betriebssystem* bzw. die unterschiedlichen *Prozessor-Architekturen* nicht beim Verfassen des Codes berücksichtigen. Im echten Leben ist es jedoch nicht ganz so einfach.

Computer

Ja, ich werde jetzt erklären, wie ein *Computer* funktioniert. Obwohl Sie vielleicht davon ausgehen, dass das ziemlich lange dauern könnte, möchte ich Ihnen versichern, dass das tatsächlich ziemlich lange dauern wird. Die nun folgende Beschreibung trifft auf Desktop-Rechner, Laptops, Tablets und *Server-Schränke* zu.

Das, was den eigentlichen Computer ausmacht, das ist die eine große Platine im inneren des Gehäuses und alles, was an sie angeschlossen ist. Diese Platine nennt man *Motherboard* oder *Mainboard.* Sie verbindet alle Teile des Computers miteinander. Darum bietet das Motherboard Anschlüsse einerseits und *Datenbusse* andererseits an. Das ermöglicht das Aufnehmen, Weiterleiten und Verteilen von Daten.

Der *Hauptprozessor* ist ein großer Chip, der meist unter einem mächtigen Kühlkörper und Lüfter auf dem Motherboard sitzt. Der Prozessor fordert Daten an und sendet Daten aus. Und selbstverständlich führt er Daten-Operationen durch. Das sind Berechnungen, aber auch Kopier-, Verschiebe- und Vergleichsvorgänge von sehr einfachen Daten. Ein sehr kleiner Speicherplatz fungiert dabei als Arbeitsplatz, wo der Prozessor seine Aufgaben verrichtet. Zusätzlich dazu besitzen heutige Prozessoren mehrere Daten-*Caches,* um die zuletzt gebrauchten Datenstücke zwischenzuspeichern, sodass sie nicht so weit weg liegen, für den (häufigen) Fall, dass sie bald wieder benötigt werden. Das steigert die *Performanz.*

Der *Hauptspeicher* eines Computers ist der *RAM,* was für *Random Access Memory* steht. Es sind meist längliche Platinen, die in ebenso längliche Steckplätze direkt auf das Motherboard aufgesteckt werden. Normalerweise fügt man mehrere solcher Riegel zu einem Gesamtspeichervolumen von mehreren Gigabyte zusammen. Wenn man den Rechner ausschaltet, so verlieren diese Speicher ihren Inhalt, weil zur Speicherung eine Stromversorgung notwendig ist. Warum brauchen wir dann überhaupt diese Hauptspeicher? Warum arbeiten wir nicht direkt mit den viel größeren *Festplatten?* Der Grund ist, dass die Festplatten schlicht wesentlich langsamer sind, verglichen mit den RAMs. Werfen wir einmal einen Blick darauf, was ein Rechner für Daten in den Hauptspeicher lädt. Dort liegt z. B. der *Bytecode* des Betriebssystems, der Bytecode der jeweils aktuell ausgeführten Programme und gerade in Bearbeitung befindliche Daten.

Und dann haben wir noch *Laufwerke,* die permanente Daten-Container darstellen. Sie benötigen (im Vergleich) sehr lange, um angeforderte Daten zu liefern, können dafür jedoch bis zu mehreren Terabytes an Inhalt speichern. *Festplatten,* auf Englisch *Hard Disk Drives* oder kurz *HDD,* sind magnetische rotierende Scheiben, die empfindlich auf Erschütterungen und Schläge reagieren, da ein metallischer Lesekopf nur sehr knapp über der Scheibenoberfläche schwebt und diese bei Vibrationen zerkratzen würde. Im Gegensatz dazu haben *Flash-Speicher,* auch als *SSDs* bekannt, keine beweglichen Teile im Inneren und sind merklich schneller, halten aber weniger Schreib- bzw. Speichervorgänge aus. Laufwerke für externe Medien sind beispielsweise optische Laufwerke für *CD, DVD* und *Blu-ray.* Aus historischer Sicht seien noch *Disketten,* auf englisch *Floppy Disk Drive* bzw. *FDD* und das Magnetband erwähnt, Letzteres wird hier und dort immer noch für *Backups* von *Servern* benutzt.

Heutzutage führen viele Geräte Grafikberechnungen auf dem Hauptprozessor durch. Für herausfordernde Anwendungsfälle jedoch wie Spiele, die Durchführung von Simulationen und die

Gestaltung von Medien ist es notwendig, einen separaten Mini-Computer auf das Motherboard aufzustecken, nämlich die *Grafikkarte,* kurz *GPU (Graphics Processing Unit).* Gerade *Miner* von *Crypto-Währungen* nutzen diese teuren Bauteile für extrem schnelle und spezialisierte Berechnungen. Im Alltag liefern Grafikkarten aber Bildausgaben für Monitore in hoher Auflösung, wodurch sie dem Hauptprozessor Rechenlast abnehmen.

Wenn Sie den Knopf auf Ihrem Rechner drücken, dann beginnt das Motherboard damit, die ersten Schritte zu steuern. Es sagt der GPU, dass etwas bestimmtes auf dem Bildschirm angezeigt werden soll und lässt den Prozessor den Code des Betriebssystems von einer markierten Stelle des eingestellten Hauptlaufwerks in den Hauptspeicher laden. Zuletzt schaltet sich der Prozessor um, sodass er ab jetzt den Code im Hauptspeicher ausführt, was bedeutet, dass das Betriebssystem übernimmt.

Cookies

Cookies sind Datensätze in Ihrem Browser. Jeder davon enthält einen Namen bzw. eine Bezeichnung, einen Datenwert, die dazugehörige Webseite und ein Verfallsdatum. Cookies werden benutzt, um Informationen zu speichern, die mit Ihnen assoziiert werden können wie etwa Ihre *User-ID* oder *Session*-Infos. Auch die von Ihnen bevorzugte *Oberflächen*-Sprache könnte so etwas sein. Sehr oft benötigt man Cookies sogar zwangsläufig, damit eine Webseite überhaupt ordentlich funktioniert.

Sogenannte *First Party Cookies* sind Datensätze, die direkt zur Webseite gehören, die Sie gerade besuchen. Auch wenn sie wichtig für die Funktion der Seite sind, können sie von anderen Seiten, die Sie besuchen, gesehen und ausgewertet werden, falls die enthaltenen Daten nicht verschlüsselt sind.

Beispiel Sag wir, Sie waren auf der Webseite eines Mode-Unternehmens, um sich Schuhe anzusehen. Diese Seite hat einen Cookie in Ihrem Browser hinterlassen. Wenn Sie nun die Seite eines großen Versandhändlers aufsuchen kann es gut sein, dass

Sie schon auf der Startseite direkt Angebote für Schuhe erhalten,
auch wenn der Händler eigentlich noch nichts von Ihren Interessen
wissen dürfte.

Im Gegensatz dazu sind *Third Party Cookies* Datensätze, die von
Dienstanbietern gezielt platziert werden, um auf anderen Seiten
ausgewertet zu werden. Man verwendet sie oft, um Ihren Weg
durch das *Internet* nachzuverfolgen.

Beispiel Falls Sie ein Account bei einem kommerziellen Social-
Media-Dienst haben, dann ist es sehr wahrscheinlich, dass solche
Cookies in Ihrem Browser vorhanden sind. Viele Webseiten enthalten Elemente, die Einträge solcher Dienste dynamisch zitieren, was
man als Einbetten bezeichnet. Solche Elemente wissen, auf welcher Seite Sie sich befinden und können auf das Cookie zugreifen.
Das gibt dem Anbieter die Möglichkeit, Informationen über Ihre
Interessen zu sammeln und konfektionierte Werbung anzuzeigen,
wenn Sie das nächste mal Ihre Timeline aufrufen.

Die einzigen Lösungen, um das Internet davon abzuhalten, Cookies zur Nachverfolgung zu nutzen, ist ein verantwortungsvoller
Umgang mit dem Cookie-Banner und der dortigen Konfiguration
der Nutzungsberechtigung sowie das Blockieren von Cookies im
Browser, z. B. über ein *Plugin,* das direkt meldet, welche Cookies hinterlegt werden möchten und Sie stets explizit um Erlaubnis
fragt.

Daten und Informationen

Es herrscht Verwirrung. Viele Menschen werfen die Begriffe *Daten*
und *Informationen* durcheinander. Dabei dreht sich doch bei der
Software-Entwickler im Grund alles um genau darum. Für das
Verständnis der *Informatik* ist es jedoch unabdingbar, sich über die
Unterschiede klar zu werden. Deshalb schauen wir nun ganz genau
hin und betrachten im Folgenden den Rohstoff der Informatik,

anschließend auch die *Wissenschaft* selbst und was das mit unserer Welt zu tun hat.

Ich möchte zunächst sehr allgemein und vorsichtig beginnen, weil es sich zwar um ein wichtiges, aber auch komplexes, Thema handelt. Als erstes sollten wir uns damit auseinandersetzen, weshalb die Informatik zu den naturwissenschaftlichen Fächern zählt. Obwohl es für den Außenstehenden eher befremdlich wirkt, hantieren Programmierer tatsächlich mit Stoffen aus der Natur. Das, was ich meine, kann man nicht direkt sehen, fühlen, riechen oder schmecken. Trotzdem ist es immer um Sie herum und fester Bestandteil Ihres Lebens. Das Problem ist, dass die Dinge, über die ich hier schreibe, einerseits extrem abstrakt und schwer vorstellbar sind, andererseits alltäglich und fest mit anderen Sachen verbunden, sodass sie oft gar nicht auffallen. Die Rede ist von Daten und Informationen. Wir tauchen also kurz in das Gebiet der *Physik* ein, die Lehre der unbelebten Dinge der Natur.

Der Begriff *Entropie* bezeichnet den Grad an Willkür einer Sortierung oder Anordnung. Viel Chaos bedeutet hohe Entropie, strenge und geordnete Sortierung bedeutet geringe Entropie. Das Universum strebt übrigens in einen Gesamtzustand hoher Entropie. Das ist der Grund, weshalb ein Kartenset wahrscheinlich durcheinander sein wird, wenn Sie es in die Luft werfen.

Beispiel Lassen Sie uns zunächst ein Beispiel für Entropien betrachten. Sie haben einen Eimer voller Steinchen von einem Strand mitgebracht. Wenn Sie die Kiesel auf einen Haufen auskippen, haben sie einen hohen Grad an Entropie – es ist chaotisch. Wenn Sie die Steine aber nun nach Farbe und Größe sortieren, dann verringern Sie die Entropie der Steinesammlung. Bitte beachten Sie dabei, dass Sie *Arbeit* aufwenden mussten, um die Kiesel derart anzuordnen.

Möchte man die Entropie einer Sortierung verringern, sprich eine Sache weniger willkürlich anordnen, so muss man *Energie* in die Sortierung hineinstecken. Die Vermittlung bzw. Übertragung von Energie nennt man Arbeit. Sie müssen also Arbeit verrichten, um die Entropie kleiner zu machen. Doch was hat das jetzt mit unserem ursprünglichen Thema zu tun?

Der Witz an der Sache ist, dass der Begriff Daten[4] ebenfalls damit zusammenhängt. Eine bestimmte Sortierung von Elementen ist ein Datensatz. Eine Menge an sortierbaren Elementen ist ein Datenträger.

Beispiel Ein Magnetband ist ein Datenträger, weil es viele Mini-Magnete enthält, die man mit bestimmten Geräten anordnen und deren Anordnung man in Form der Band-Magnetisierung man wieder auslesen kann. Eine *CD* kann mit Kerben versehen werden, die einen Laserstrahl ablenken, was eine Sortierung von Löchern bzw. Materie darstellt. *USB*-Sticks haben einen Flash-Speicher, der viele Mini-Schalter enthält, die an oder aus sein können und deren Zustände man gezielt anordnen lassen kann.

Wenn Sie Arbeit aufwenden, um Daten auf einem Datenträger zu speichern, dann verringern Sie die Entropie der dort enthaltenen Elemente. Das erhöht die enthaltene Energie des Datenträgers. Nach der Relativitätstheorie gilt

$$E = m \cdot c^2,$$

also „Energie ist proportional zur Masse". Das bedeutet erstaunlicherweise, dass eine *Festplatte* mit enthaltenen Daten schwerer ist, als eine Platte mit zufälligen Werten. Und eine Audio-Kassette mit Rauschen ist leichter als eine mit Musik. Das Gewicht ist freilich kaum messbar, aber vorhanden.

Wir haben uns bis hierher den Begriff der Daten schwer erarbeitet. Was Sie bis jetzt verstanden haben sollten, ist, dass Daten ein Teil der Natur sind und nicht etwa nur eine Erfindung der Menschheit. Wir hangeln uns nun weiter zum Begriff der Information.

Daten stellen also eine nicht-zufällige Sortierung dar. Der Begriff der Information ist im Zusammenhang damit nur schwammig definierbar: Eine Information ist ein relevanter Teil eines

---

[4] Übrigens lautet die Einzahl von Daten „*Datum*", was zunächst verwirrend erscheint, da viele Menschen das Wort Datum nur mit der Bezeichnung für einen Zeitpunkt verbinden. Jedoch ist ein Element eines Datensatzes schlicht und ergreifend ein „Datum".

Datensatzes. Wie Sie sehen, kommt es darauf an, was jemand oder etwas als relevant einschätzt. Je nach Anwendungsbereich, können Daten als informativ gelten oder eben nicht. Der *Informationsgehalt* von Daten ist die Anzahl an Elementen (z. B. Zeichen oder *Bits*), die Sie mindestens brauchen, um die Information darzustellen, geteilt durch die tatsächlich verwendete Anzahl von Elementen.

Beispiel Eine Wetterstation funkt folgende Daten: „Es ist kalt. Es ist kalt. Es ist kalt.". Wenn Sie nur die aktuelle Temperatur als relevante Information betrachten, dann lautet die gesamte enthaltene Information „Es ist kalt", was einen Informationsgehalt von etwa 30 % bedeuten würde. Wenn Sie allerdings prüfen möchten, ob die Wetterstation Nachrichten korrekt und fehlerfrei sendet, so ist die gesamte Nachricht wichtig und das entspräche einem Informationsgehalt von 100 %.

Es ist demnach durchaus möglich, dass Sie viele Daten haben, die aus Ihrer Sicht aber gar keine Information enthalten. Zusammenfassend kann man sagen, dass Informationen die wichtigen Bereiche der Daten sind. Daten können also Informationen enthalten, müssen es jedoch nicht. Je nachdem, was man als wichtig erachtet, unterscheidet sich der Informationsgehalt eines Datensatzes von Fall zu Fall.

An der Stelle ist jedoch noch lange nicht Schluss. Aus Daten kann man nämlich Informationen gewinnen und daraus wiederum kann man *Erkenntnisse* bzw. *Wissen* schöpfen. Wissen ist Information, die aus anderen Informationen abgeleitet wird und somit gröbere, allgemeinere, aber auch wichtigere Information bedeutet. *Wissenschaft* heißt in diesem Zusammenhang, dass aus Daten Informationen herausgezogen werden, deren Auswertung zu neuen Informationen führt, die wir als Wissen bezeichnen. Aus dem Grund ist der Begriff Wissenschaft vielleicht sogar unglücklich gewählt, denn es ist eigentlich kein Prozess der Erzeugung, des kreativen Schaffens aus dem Nichts heraus, sondern vielmehr ein Extrahieren, Destillieren.

Beispiel Die Wetterstation hat in den vergangenen sieben Tagen etwa 100 Nachrichten zur Temperatur gesendet. In 83 % der Nachrichten lautete die enthaltene Information „Es ist kalt", in den restlichen 17 % lautete die Information „Es ist warm". Aus der Information, dass eine Woche sieben Tage lang ist und der deutlich überwiegende Teil der vergangenen sieben Tagen kalt war, leiten wir die Information ab: „Die vergangene Woche war sehr kalt". Jetzt wissen wir, dass die letzte Woche sehr kalt war. Wir haben eine Erkenntnis erlangt.

Kommentar
Zugegeben, das war bereits ein ziemlich schwieriges Kapitel bis zu dieser Stelle. Großes Lob an Sie, wenn Sie die vorherigen Abschnitte tatsächlich konzentriert gelesen haben! Für mich hat die Natur der Daten und Informationen etwas magisches. Es ist faszinierend und beängstigend zugleich, wenn man versteht, dass diese abstrakten und fremdartigen Geister um einen in dieser Welt herum schweben. Umso stolzer bin ich, wenn ich die Wesen im Äther bezwinge und lenken kann, um Großes zu schaffen. Ich hoffe, ich konnte Sie für den Zauber der Daten und Informationen begeistern!

Informatik

Nachdem wir nun wissen, was Informationen sind, möchte ich darauf aufbauend erklären, was es mit der *Informatik* auf sich hat. Viele Menschen haben ein falsches Bild von der Informatik. Im Englischen existiert sogar die verwirrende Bezeichnung *Computer Science,* wo doch das Gebiet an sich keine Wissenschaft über Computer ist, sondern einem anderen Zweck dient. Darum möchte

ich die Gelegenheit nutzen, um ein wenig in dieser Sache aufzuklären[5].

Der deutsche Begriff Informatik trifft den Kern dieser Wissenschaft ganz gut. Es geht nämlich um die automatische Verarbeitung von Daten und Informationen. Im Fokus steht also einfach
die Verarbeitung. Ein Informatiker ohne Computer, aber mit Stift
und Papier, weiß sich demnach immer noch zu helfen und kann
weiterhin Daten und Informationen bearbeiten und organisieren.
Computer sind lediglich ein Werkzeug hierfür, jedoch nicht der
Dreh- und Angelpunkt, zumindest in den universitären Vorlesun-
gen.

Außerdem wird die Informatik oft als eine Sparte der *Mathematik* gesehen. Und tatsächlich handelt Mathematik ebenso von der
Verarbeitung von Daten und Informationen, bleibt jedoch in weniger technischen Bereichen. Man könnte sagen, dass sich die Informatik auf die Umsetzung der Verarbeitung konzentriert. Dabei
kann man sie grob in drei Kategorien einteilen: Software, *Hardware* und *Theoretische Informatik*. Letzteres ist der Bereich mit
den meisten Verbindungen zur klassischen Mathematik, da Themen wie *Komplexität,* Berechenbarkeit und *Verschlüsselung* dis-
kutiert werden.

Wenn man sich das alles vor Augen führt, dann verwundert es
plötzlich gar nicht mehr, dass die Informatik eine der Grundlagen
für fast jede Wissenschaft und Unternehmung bildet. Daten und
Informationen gibt es überall und die Realisierung des Umgangs
damit betrifft praktisch alles und jeden. Darum muss ein Informatiker nicht nur über aktuelle technologische und mathematische
Entwicklungen auf dem Laufenden sein, sondern sich außerdem
flexibel auf erstaunlich unterschiedliche Arbeitsgebiete anpassen.
In wie vielen Berufen beschäftigt man sich heute mit Pflanzenar-
ten, morgen mit Medizin und übermorgen mit Versicherungen?

---

[5] Bitte lesen Sie die folgenden Zeilen in einem leicht angesäuerten Tonfall.

Kommentar

Eine lustige Anekdote nebenbei: Ich habe fünf Jahre lang
Informatik studiert und meinen Master-Abschluss gemacht.
Ich musste nie einen Rechner zusammenbauen und wir
haben an der Universität nie besprochen, wie man Software *installiert* oder einen *Windows*-Rechner oder einen
Mac pflegt. Wir wurden nicht darin ausgebildet, *Wartun-
gen* durchzuführen oder Unterstützung bei der Nutzung eines
Computers zu geben. Also hör bitte auf, mich um Hilfe zu
fragen, wenn deine E-Mails wieder nicht gehen, weil ich
doch „Informatik studiert" habe, Papa!
      Hol' dir besser jemanden, der das nicht studiert hat...

Kompression

Kompression ist der Prozess, Datenmengen zu reduzieren, ohne
die notwendige Nutzbarkeit darin enthaltener Informationen ein-
zuschränken. Nun ist diese Definition sehr gestelzt. Lassen Sie
mich das anders formulieren: Sie machen Dateien kleiner, ohne
sie schlechter zu machen. Dabei unterscheiden wir *verlustbehaftete* und *verlustfreie* Kompression. Letzteres bedeutet eine vollständige Wiederherstellbarkeit der originalen Daten, indem man
lediglich Rechenzeit investiert. Verlustbehaftete Kompression hingegen bedingt stets das irreversible Löschen von Informationen.
      Es existieren verschiedene Strategien, um Kompression zu
erreichen. Eine davon ist das Entfernen nicht benötigter Informationen. Das sind beispielsweise für das menschliche Auge
unsichtbare Farben oder für menschliche Ohren unhörbare Ton-
Frequenzen. Aber man kann sogar noch weiter gehen und Informationen entfernen, die schlicht nicht nötig für ein bestimmtes Ziel
sind. Wenn Sie nur erkennen können wollen, was auf einem Bild
zu sehen ist, dann brauchen Sie dafür keine herausragende Qualität, keine extreme Auflösung und keine Farbdetails, selbst wenn
es das Bild besser machen würde. Und wissen Sie auch, warum

die Stimme über das Telefon immer so blechern klingt? Technologisch ginge weitaus mehr, aber für das reine Sprachverständnis reicht eine so stark eingeschränkte Bandbreite vollkommen aus. So kann man sich die technische Umsetzung leichter machen.

Eine andere Strategie zur Datenreduktion ist die unausgewogene *Kodierung* von Informationen. Man verwendet hierfür einfach kleinere Repräsentationen für Informationsteile, die häufiger vorkommen und dafür werden seltenere Informationen mit längeren Darstellungen ersetzt.

Beispiel Sie haben ein sehr dunkles Foto geschossen. Die Auflösung des Bildes sind 1920 mal 1080 Pixel, also knapp über 2 Mio. Bildpunkte. Jeder Pixel wird mit seinem Farbwert gespeichert, der normalerweise sechs Zeichen lang ist. Das wären also für das gesamte Bild etwa 12 Mio. Zeichen. Aber weil es ein Low-Key-Foto ist, sind ca. 50 % aller Pixel komplett schwarz. Nun stellen wir schwarze Pixel mit einem einzigen und alle anderen Pixel dafür mit sieben Zeichen dar. Das heißt, bis auf eine Farbe braucht jetzt jede Farbe sieben statt sechs Pixel. Das klingt nach einem schlechten Tausch. Weil aber Schwarz so oft vorkommt, können wir davon profitieren. Wenn man jetzt die Gesamtzahl der Zeichen berechnet kommt man auf ca. 8 Mio. Zeichen statt 12. Wir haben also bereits mit dieser einfachen Methode insgesamt eine verlustfreie Kompression von über 30 % erreicht.

Obige Kompressionsart bildet eine verlustfreie Kompression dar. Man braucht nur die Repräsentation der Elemente durch die ursprüngliche auszutauschen und erhält die originäre Datei zurück. Das Bildformat *PNG* und das Audioformat *FLAC* sind Beispiele für verlustfreie Komprimierung.

Wie Sie sehen, erfordert Kompression immer einen gewissen Rechenaufwand. Und die Verwendung von komprimierten Daten benötigt ebenfalls manchmal Rechenzeit, um die ursprünglichen Daten zu rekonstruieren oder nutzbar zu machen. In einigen Fällen verliert man Informationen durch Kompression unwiederbringlich.

Kommentar

Mit schnelleren Computern, günstigeren Datenspeichern und zunehmenden Übertragungsgeschwindigkeiten in *Netzwerken* verliert die verlustbehaftete Kompression immer mehr an Bedeutung. Jedoch ist verlustbehaftete Kompression in Systemen mit technischen Einschränkungen sowie bei extremen Mengen an Daten weiterhin sinnvoll. Beides ist z. B. beim Betrachten von Filmen auf Smartphones der Fall.

Datenmengen

Für uns Menschen sind Daten und Informationen sehr abstrakt und schwer vorstellbar. Unser Kopf erledigt den Umgang mit diesen Dingen ganz nebenbei, ohne dass wir es aktiv wahrnehmen. Deshalb haben wir von Natur aus auch zunächst einmal kein Gespür für den Umfang von Daten und den Aufwand zur Speicherung und Verarbeitung von Daten. Trotzdem lassen sich objektive Maßstäbe für die Beschreibung von Datenmengen finden. Einfach ausgedrückt ist die Größe eines Datensatzes oder einer Information die Anzahl an *Bits*[6], die man mindestens benötigt, um den Datensatz oder die Information zu speichern.

Ein Bit ist ein Element, das zwei verschiedene Zustände bzw. Werte annehmen kann, nämlich 0 und 1. Man kodiert oft in Form von Bits, da diese Darstellung von Daten sehr praktisch ist. Eine CD hat an einer Stelle eine Kerbe oder eben nicht. Ein Magnetband hat an einer Stelle eine maximale oder minimale Magnetisierung. Ein Licht ist entweder an oder aus. Und ein Mini-Schalter in einem Flash-Speicher ist an oder aus. Wie Sie sehen, nutzen viele Speichermedien Elemente, die genau zwei Ausprägungen anbieten.

---

[6] Natürlich kann man auch andere Codierungen als Grundlage heranziehen, aber diese kann man wiederum direkt in Bits umrechnen, sodass die Angaben gleichwertig wären.

Warum können aber 0 und 1 überhaupt ein *Datum* enthalten? Dafür muss man verstehen, dass ein Bit immer ein Stellvertreter für etwas ist. Man interpretiert die 0 und die 1 jeweils auf eine bestimmte Art und Weise. Deshalb muss zunächst ein Schema existieren, nach welchem klar ist, was diese beiden Zustände bedeuten. Erst diese Interpretationsregel zusammen mit den Bits sorgt dafür, dass Daten und Informationen in den Bits enthalten sind. Sonst stellen Bits einfach nur eine beliebige Zeichenfolge dar[7].

Analogie Bei einer Papstwahl im Vatikan nutzt man einen Kamin, um die Öffentlichkeit über den Ausgang der Wahlen zu informieren. Auch hier liegt ein binäres System wie bei einem Bit vor. Schwarzer Rauch wäre z. B. das ein Bit mit dem Wert 0, weißer Rauch wäre die 1. Solange gar kein Rauch zu sehen ist, gibt es auch keine Information darüber, was hinter den Mauern passiert. Erst wenn der Kamin aktiv ist, kann eine Aussage getroffen werden. Was nun der weiße und schwarze Rauch zu bedeuten haben, können wir dann auch nur deshalb wissen, weil man sich zuvor aus die Bedeutung geeinigt hat. Es existiert also ein Interpretationsschema. Ohne dieses Schema wäre der Rauch einfach nur irgendein Rauch ohne Bedeutung. Und wer von der Interpretation nichts weiß, weiß auch nichts über das Ergebnis der Wahl. Und wenn es gar kein Interpretationsschema gäbe (beispielsweise wie bei einem beliebigen Kamin in Ihrer Nachbarschaft), dann würde die Farbe des Rauchs auch keine Information enthalten, selbst wenn der Rauch – wie gerade gezeigt – an sich auch als Datenträger fungieren kann.

Obige Analogie zeigt noch eine weitere interessante Tatsache: Die Datenmenge hängt nicht zusammen mit der Bedeutungsschwere oder Wirkungskraft der enthaltenen Information. Es kann darum gehen, ob man zu Besuch kommt, oder um Leben und Tod. Die Datenmenge bleibt in beiden Fällen gleich. Ja, es muss noch nicht einmal eine Information im Datum enthalten sein. Wenn man sich

---

[7] Bei einer *Verschlüsselung* kann übriges jeder die Bits sehen. Man hat aber kein Interpretationsschema, sodass man am Ende trotzdem nicht an die enthaltenen Daten herankommt.

eine zufällige Folge von Bits erzeugen lässt, dann enthalten sie gar keine Information, obwohl sie weiterhin Daten darstellen, die man theoretisch sogar speichern könnte, wenn man wollte.

Aber wie kann man noch mehr Daten speichern als nur zwei Zustände? Hierfür können wir einfach mehrere Bits zusammennehmen. Mit zwei Bits hätten wir schon vier Zustände, die wir darstellen und speichern könnten, nämlich 00, 01, 10 und 11. Beispielsweise können wir uns darauf einigen, dass wir damit die Buchstaben des Alphabets anzeigen. Damit hätten wir also schon die Möglichkeit, „A" bis „D" darzustellen. Entsprechend können wir mit noch mehr Bits zusammen auch mehr Daten und damit mehr Informationen speichern.

Normalerweise geht man sogar noch weiter. Man platziert in den ersten Bits einer Bit-Folge die Information, wie die nachfolgenden Bits zu interpretieren sind. Man liefert das (normierte) Schema also gleich mit. Das erfordert natürlich wieder eine Einigung darüber, welche Schemata es überhaupt gibt, jedoch erreicht man so wesentlich mehr Flexibilität.

In der Praxis kommen einzelne Bits eher selten vor. Häufig gruppiert man Bits in Pakete, die gleich acht Elemente enthalten. Diese Gruppierung bezeichnet man als *Byte*. Mit acht Bits – einem Byte – lassen sich 256 verschiedene Zustände darstellen. Basierend auf dieser Einheit wird häufig die Kapazität eines Datenträgers oder die Menge übertragener Daten ausgedrückt.

Bezeichnung	Bedeutung
Byte	8 Bit
Kilobyte (kB)	1000 Byte
Megabyte (MB)	1000 kB bzw. 1 Mio. Byte
Gigabyte (GB)	1000 MB bzw. 1 Mrd. Byte
Terabyte (TB)	1000 GB bzw. 1 Bio. Byte

Allerdings gibt es noch eine zweite Methode, eine Datenmenge auszudrücken, indem man Byte als Grundlage nutzt. Und das sorgt für viel Verwirrung. Die Herangehensweise oben bezieht sich auf das Zehnersystem, so wie Menschen häufig denken und rechnen.

Für einen Computer hingegen ist es leichter, in einem Zweier-System zu rechnen, weil er eben grundsätzlich binär funktioniert, z. B. mit „Strom an und Strom aus". Die binären Zahlen sind für Laien eher ungewohnt, aber Informatiker denken häufig in Zweierpotenzen (also die Zahlen 0, 1, 2, 4, 8, 16, 32, 64 etc.). Aus der Sicht eines Computers ergibt also folgende *Tabelle* mehr Sinn:

Bezeichnung	Bedeutung
Byte	8 Bit
Kibibyte (KiB)	1024 bzw. 2^{10} Byte
Mebibyte (MiB)	1024 KiB bzw. 2^{20} Byte
Gibibyte (GiB)	1024 MiB bzw. 2^{30} Byte
Tebibyte (TiB)	1024 GiB bzw. 2^{40} Byte

Leider schreiben manche Hersteller von *Betriebssystemen* „GB" statt „GiB" und die Menschen da draußen wundern sich, warum ihre neue *Festplatte* mit „1 TB" am Computer plötzlich nur noch „931 GB" hat. Die Auflösung ist, dass es sich eigentlich um „931 GiB" handelt und der Computer die falsche Einheit anzeigt.

Datenbank

Die dauerhafte Speicherung von Daten ist eine grundlegende Anforderung an jedes auf Daten basierende System. Eine *Datenbank* ist die Lösung für diese Notwendigkeit. Man kann sie als Datenstruktur sehen, die von einem *DBMS* verwaltet wird. DBMS steht dabei für *Database Management System,* auf Deutsch „Datenbanken-Verwaltungssystem". Es handelt sich um eine Software, die häufig auf einem *Server* läuft.

Das DBMS ist das, was man eigentlich an sein Produkt anbinden muss, nicht die davon verwaltete Datenbank direkt. Man spricht lediglich umgangssprachlich von „Datenbankanbindung". Mit Hilfe von Befehlen können Sie Daten an das DBMS senden und welche von ihm empfangen. Das System speichert dabei Daten in Form einer Datenbank, was für den Computer wie eine lange Liste an (meist nicht Menschen-lesbaren) Dateien aussieht.

Nun könnte man auf die Idee kommen, dass eine handvoll *Microsoft-Word*-Dateien dann auch eine Datenbank bilden könnte, weil es schließlich auch eine Methode zur permanenten Datenspeicherung ist. Doch das ist aus mehreren Gründen eine Fehleinschätzung. Zunächst ist eine Datenbank immer ein streng strukturierter Datensatz, der eine freie Platzierung von Daten nicht zulässt, um Maschinen-Lesbarkeit gewährleisten zu können. Außerdem ermöglicht ein DBMS das Assoziieren von Daten, also das Ausdrücken einer Verbindung zwischen einzelnen Einträgen *(Relationen)*. Darüber hinaus ist ein DBMS darauf ausgelegt, die benötigte Speicherkapazität ständig zu optimieren. Auch ist es immer bemüht, Mechanismen anzubieten, mit denen man die Abfrage- und Antwortzeiten für die Ausgabe von Dateneinträgen und Ausführung von Suchanfragen drastische reduzieren kann. Und dazu kommt, dass ein DBMS sogar komplizierte Situationen meistern kann, in welchen mehrere Teilnehmer den selben Datensatz gleichzeitig lesen und ändern möchten.

Das zeigt, dass ein Datenbank-Management-System eine recht komplexe Software mit vielen Vorteilen ist. Sie ist hochspezialisiert und biete eine ganze Menge Optimierungen. Daher ist es sehr empfehlenswert, Daten mit Hilfe eines DBMS zu verwalten, falls Sie mehr als nur einige wenige Konfigurationen an Datenmengen behandeln müssen.

Heutzutage gibt es viele verschiedene Lösungen auf dem Markt. Die meist verwendeten basieren auf *SQL* (was für *Structured Query Language* oder „strukturierte Anfragesprache" steht). Das ist ein Standard für Befehle, die an ein DBMS gesendet werden. Weil man innerhalb dieser Befehle Daten beschreiben muss, definiert SQL auch die Struktur oder das Modell der Daten in der Datenbank. Einige bekannte SQL-Systeme heißen *PostgreSQL, MySQL, SQLite, MariaDB, Microsoft SQL Server* und *Oracle DB*. Obwohl alle diese Produkte SQL-Befehle verstehen, können sie manchmal etwas unterschiedlich auf die gleichen Eingaben reagieren. Deshalb müssen Sie sehr vorsichtig sein, wenn Sie mehrere verschiedene DBMS gleichzeitig unterstützen möchten. Leider bedingen strenge Richtlinien auf Seiten des Kunden den Einsatz eines ganz bestimmten DBMS, welches dann auf dem Kunden-*Server* läuft.

Die Wurzeln von SQL reichen bis in die siebziger Jahre zurück. Jedoch wird es weiterhin umfangreich eingesetzt, weil es sich etablieren konnte und von vielen Entwicklern beherrscht wird. Allerdings drängen sich heutzutage zunehmend modernere Lösungen in den Fokus und gewinnen an Beliebtheit. Einige davon fallen in die Kategorie *NoSQL*, was verwirrenderweise für *Not Only SQL*, also „Nicht nur SQL" steht. Eine der beliebtesten NoSQL-DBMS[8] ist *MongoDB*. Es speichert Daten in sogenannten *BSON*[9]-Dateien, die eine *JSON*-ähnliche Struktur besitzen. Gerade für *Big Data*-Anwendungen und große Mengen an Informationen ermöglicht MongoDB oft einen geringeren Speicherplatzbedarf und eine schnellere Bearbeitung der Anfrage. Dazu macht der hohe Grad an Flexibilität des Schemas diese Open-Source-Lösung zu einer guten Wahl bei sehr unstrukturierten Daten.

Relationales Modell

Das *Relationale Modell* ist die Struktur der Daten in einer SQL-Datenbank. Kurz zusammengefasst besteht es aus *Tabellen,* die ähnlich wie die Arbeitsblätter einer *Tabellenkalkulation* aussehen.

Beispiel Das hier ist ein Beispiel für eine Relation:

ID	Vorname	Nachname
1	Albert	Einstein
2	Stephen	Hawking

Man kann mehrere Tabellen über sogenannte *Keys* oder *Schlüssel* verbinden, die gemeinsame *IDs* bilden.

---

[8] Schauen Sie doch einmal, welch komplexe Abkürzungen Sie schon verstehen können!

[9] „Binary JSON".

Beispiel Sie speichern z. B. den Namen des Nutzers zusammen mit seiner ID 1 ab, ebenso seine Adresse. Wenn Sie nun beide Tabellen miteinander so kombinieren, dass die jeweiligen Einträge mit gleicher ID verknüpft werden *(Joining)*, dann erhalten Sie einen Namen mitsamt zugehöriger Adresse.

Transaktion

Eine *Transaktion* ist eine Operation, die man durch das Senden eines Befehls auf einer Datenbank ausführt. Gerade wenn man mehrere Verbindungen zur Datenbank gleichzeitig aufbaut *(Connection Pool)*, muss man bei Transaktionen große Sorgfalt walten lassen. Was passiert etwa, wenn zwei Personen den selben Datenbankeintrag gleichzeitig auf zwei unterschiedliche Weisen ändern? Was passiert, wenn eine Person den Eintrag liest, während eine zweite den abgespeicherten Wert ändert? Um all diese Probleme kümmert sich das DBMS mit speziellen Transaktionsstrategien. Beispielsweise werden abgebrochene oder fehlerhafte Aktionen rück-abgewickelt, um Konsistenz und Korrektheit des Datenbankinhalts zu gewährleisten.

Data-Warehouse

Die große Schwester der Datenbank ist das *Data Warehouse.* Man kann sagen, dass letzteres einfach nur eine ziemlich große Datenbank ist. Es gibt keine strengen Definitionen darüber, was genau ein Data Warehouse ausmacht. Aber in den meisten Fällen geht es darum, dass ein Data Warehouse extreme Mengen ungefilterter Daten beherbergt, die viele auch als *Big Data* bezeichnen. Aufgrund ihres Umfangs erfordern Data Warehouses ein außerordentliches *Performanz-Management,* was nicht selten durch ein No-SQL-System bereitgestellt wird.

Data Analyst

Wenn wir schon über Datenbanken reden, können wir auch gleich das Thema des *Data Analyst* abhandeln. Hierbei geht es um eine Person, die darin spezialisiert ist, Geschäftsdaten in einer Datenbank zu verwalten. Sie versucht, so viel Information wie möglich aus Ihrem Unternehmen zu sammeln, damit auf Anfrage aus dem oberen Management jede Fragestellung so gut es geht beantwortet werden kann.

Beispiel Sie fragen den Datenanalysten etwas wie „Wie war das Wachstum des Kundenstamms in Nordamerika in den letzten fünf Jahren?" und erhalten ein paar Stunden später die exakten Zahlen.

Data Scientist

Oft nimmt man die beiden Begrifft *Data Scientist* und Data Analyst als Synonyme wahr. Doch es gibt einen großen Unterschied. Ein Data Scientist ist weitaus autonomer und hat erweiterte Kenntnisse über den Geschäftsbereich des Unternehmens. Mit umfangreichem Wissen in *Mathematik,* Statistik, dem jeweiligen Business und dem Unternehmen an sich kann er sich selbstständig auf die Suche machen, um interessante Informationen an das mittlere und obere Management zu liefern. Das unterstützt die Entscheidungsfindung und hilft dabei, schnelle Antworten auf unerwartete Herausforderungen zu liefern. Das ist auch der Grund, weswegen ein Data Scientist mehr kostet als ein Data Analyst.

Deadlock

In der Literatur beschreibt man einen *Deadlock* meist als wechselseitiges Verhungern an Ressourcen. Doch das hier ist keine klassische Fachliteratur und wir wollen einmal versuchen, eine verständlichere Erklärung zu finden.

Analogie Stellen Sie sich folgende typische Filmszene vor: Der Gangster sagt „Gib mir das Lösegeld!" und der Held sagt „Nein, erst lässt du die Geisel frei!". Das ist ein Deadlock. Es gibt keinen Ausweg aus dieser Situation, bis einer von ihnen aufgibt. So etwas Ähnliches kann es auch in Software geben.

Beispiel Zwei Nutzer an eigenen Rechnern, die im gleichen *Netzwerk* sind, möchten etwas aus einer Datenbank heraus ausdrucken. Im Programm braucht der Code sowohl eine Verbindung zur *Datenbank* als auch zum Drucker. Nun erhält aber Nutzer 1 den Drucker und Nutzer 2 die Verbindung zur Datenbank. Beide warten dann auf Verfügbarkeit der jeweils anderen Verbindung, doch niemand von beiden gibt seine bereits erhaltene Verbindung frei. Wenn sie nichts voneinander wissen und sich nicht verständigen, würde die Blockade endlos lange bestehen. Bei einem Deadlock friert die Situation also mehr oder weniger ein und nichts geht mehr.

Normalerweise gibt es eine schöne Lösung bei einem Deadlock. Eine Möglichkeit wäre z. B. einen *Watchdog,* sprich Wachhund, einzusetzen, der das System auf Deadlocks prüft und reagiert, wenn ein Prozess eine bestimmte Dauer überschreitet. Dann könnte er einige der angeforderten Ressourcen zwangs-freigeben und einem der Wartenden direkt zuweisen. Im Film würde das bedeuten, dass man den Verbrecher erschießt. Oder den Helden.

Livelock

Eine sehr fiese Variation der Blockade ist der *Livelock.* Er ist wie ein Deadlock, mit dem Unterschied, dass die Software weiterhin läuft und auf eine Weise weiterarbeitet, jedoch ohne dass sich faktisch etwas tut.

Analogie Das entspräche einem Film, bei dem die Bombe deren Lunte schon brennt von mehreren Leuten im Kreis hin und her geworfen wird.

Beispiel Schauen wir noch einmal auf das Beispiel der beiden Personen, die etwas ausdrucken möchten. Man könnte sich beispielsweise einen Livelock vorstellen, bei dem beide Teilnehmer ihre eigene Verbindung freigeben und direkt versuchen, die andere Verbindung zu besetzen. Damit hätten sie die gleiche Situation wieder reproduziert, nur mit vertauschten Rollen. Das könnte nun ewig auf diese Art hin und her gehen, ohne dass auch nur einer von ihnen zum Ziel kommt. Trotzdem gibt es Bewegung in der Situation und beide haben stets die Möglichkeit einer Handlung. Es ist also keine totale Blockade, weiter kommt man dennoch nicht.

Deployment

Der Begriff *Deployment* kann umschrieben werden mit „Verteilung und Anwendung von Software auf ihre jeweiliges Zielsystem". Wenn Sie ein Produkt an einen Unternehmenskunden ausliefern, dann geschieht das oft direkt in Form eines Deployment-Prozesses.

Dieser Vorgang könne etwa bei durch Kunden gehostete Produkte durch einen *Updater* gehandhabt werden. Der Updater erhält die Nachricht, dass es ein neues *Kompilat* gibt, er lädt dieses herunter, ersetzt das alte Programm durch die neuen Dateien und startet die Software neu.

Besonders für *Microservice*-Applikationen kann das Deployment auch schrittweise erfolgen, Instanz für Instanz – zumindest solange es keinen *Breaking Change* gibt. Falls es aber eine so große Änderung gibt, dass die Kompatibilität nicht mehr gewährleistet wäre, dann muss weiterhin das komplette System in den *Wartungsmodus* überführt werden und man tauscht alle Services auf einmal aus.

Einrichtungszeit und Kontextwechsel

Man unterschätzt sehr oft die notwendige *Einrichtungszeit* zur Vorbereitung der Arbeit und den Aufwand, der durch einen *Wech-*

sel des Arbeitskontextes zwischen zwei Aufgaben entsteht. Und das gilt insbesondere für Programmieraufgaben. Ich möchte die Bedeutung dieser Begriffe erläutern, was sie mit der Programmierung zu tun haben und wie man Software-Entwicklung so organisieren kann, dass die negativen Effekte reduziert werden.

Die Einrichtungszeit beschreibt den Aufwand zur Vorbereitung der Arbeitsumgebung, bevor man mit der eigentlichen Aufgabe beginnen kann. Für viele organisatorische, kommunikative und verwaltungstechnische Jobs gehören z. B. das Starten des E-Mail-Programms und das Vorbereiten von Dokumenten dazu. Die benötigte Vorbereitungszeit kann in der Software-Entwicklung aber sehr lang werden; abhängig von der *Komplexität* der Aufgabe können das Minuten oder Tage sein.

Beispiel Der Wechsel von einem Code-Projekt zu einem anderen innerhalb der *IDE,* der *Entwicklungsumgebung,* dauert für gewöhnlich eine bis fünf Minuten. Das Anwenden einer anderen *Datenbank* oder Konfigurationsdatei auf das entwickelte Programm kann sich jedoch schwieriger gestalten und manchmal taucht ein Problem auf, das die direkte Nutzung der geänderten Ressourcen verhindert. Zum Beispiel könnte es sein, dass man *verschlüsselte Passwörter* irgendwie umgehen muss. Zum *Debugging* kann es erforderlich sein, dass der Entwickler bereits existierende Systeme bzw. deren Daten verwenden muss, was wiederum ein Teil-Reset oder das Neuerstellen von Zugangs-*Tokens* oder *Login*-Daten und Passwörter voraussetzen könnte. Dazu kommt, dass gerade zum Beheben von Fehlern genau die Systemeinstellungen vorliegen müssen, die dem fehlerhaften System am nächsten kommen und tendenziell Mitschuld am Problem haben könnten. Wenn der Programmierer dann noch eine Programmumgebung mit mehreren miteinander in Verbindung stehenden Produkten aufsetzen muss (z. B. die Software eines ganz bestimmten Drittherstellers mit dem das Problem auftritt – E-Mail- oder Zahlungsdienstleister –), dann müssen die andern *Dienste* nicht nur ebenfalls eingerichtet und gestartet werden. Der Programmierer muss sich außerdem noch in die anderen Produkte hinreichend einarbeiten. Wenn es bei alledem also irgendwo mal hakt, dann kann alleine die Einrichtung und Vorbereitung gerne einmal mehrere Tage dauern.

Kontextwechsel meint die Änderung aller Vorbedingungen beim Wechsel von einer Aufgabe zu einer anderen. Der technische Aufwand, um zu einem anderen Arbeitskontext zu gehen, ist quasi die Einrichtungszeit plus dem Speichern des Arbeitsfortschritts der ersten Aufgabe. Das größere Gewicht liegt hier jedoch in der Menge an Informationen, die man im Kopf behalten muss, wenn man eine Aufgabe absolviert. Für Manager könnten das Kundendaten sein, die getätigten Versprechungen ihnen gegenüber, was wem zum Projekt bekannt ist, wie man mit bestimmten Kunden reden muss, welche Herausforderungen ein Kunde hat und so weiter. Vielleicht haben Sie selber schon einmal erlebt wie schwierig es sein kann, mental von einem Kundenprojekt zu einem anderen zu springen. Bestimmt haben Sie vor dem Wechsel auch einmal eine kurze Pause gemacht, sich einen Kaffee gezogen oder etwas frische Luft geschnappt.

Entwickler stehen natürlich vor dem selben Problem. Wenn der Code bekannt ist, dann dauert es womöglich zwischen fünf und zehn Minuten, um sich hineinzudenken. Für sauberen, aber bisher unbekannte Code kann diese Zeitspanne auch schon zwischen 30 min und zwei Stunden liegen. Und im allerschlimmsten Fall, bei katastrophalem Code, könnte sich ein Entwickler sogar zwei ganze Tage damit herumplagen, um überhaupt zu verstehen, was da im Quelltext passiert. Das bedeutet natürlich viele Notizen, aber noch mehr Konzentration. Der Entwickler muss dutzende Dateien betrachten und sie sich alle mit ihrem Inhalt merken, denn zum Verständnis des Programmablaufs ist es wichtig, jede Stelle im Code zu kennen, zu der das Programm für eine bestimmte Aufgabe springt. Zwar liegt die Beschreibung in Textform vor einem. Aber wenn man sich nicht alles in den Schädel einprägt, dann fehlt ausreichend Kontext, um einen gerade betrachteten Abschnitt begreifen zu können. Dinge, die logisch gesehen eng mit einer Stelle im Code verbunden sind und zwingend dazugehören, können theoretisch in vielen anderen Dateien verstreut sein[10]. Dazu kommt, dass man sich notwendige Änderungen und potentielle Fehlerursachen merken muss. Vereinzelt ist es notwendig, Quelltext sinnerhaltend

---

[10] Und genau das macht schließlich schlechten Code mit aus.

umzuformen, um das Knäuel zu entwirren. In Folge dessen zeichnet ein Entwickler bei jeder Aufgabe ein neues, höchst abstraktes Strukturdiagramm in seinem Verstand und merkt sich das solange, bis die Arbeit fertig ist, auch wenn es Wochen dauert. Nicht selten erinnern sich Programmierer daher noch Jahre, nachdem sie ein Unternehmen verlassen haben, an den Code, für den sie verantwortlich waren.

Wie können wir den Störungen der Einrichtungszeit und des Kontextwechsels beikommen? Die offensichtliche Antwort lautet, dass wir die Anzahl der Wechsel zwischen Aufgaben reduzieren müssen. Das geht im Grunde nur durch die Eliminierung vermeidbarer Sprünge, etwa dem Unterbrechen laufender Aufgaben zum Wechsel zu einer anderen Arbeit. Das wird möglich, wenn man auf nachträgliche Prioritätsänderungen verzichtet und spätere Liefertermine durch Wartezeiten für neue Aufträge akzeptiert. Wir können darüber hinaus versuchen, die Anzahl an Meetings herunterzudrücken, die ein hohes Ablenkungspotential bergen, und Gespräche eher in längeren Blöcken oder gar einem Meeting-Tag organisieren statt Leute ständig aus ihrer Konzentration herauszureißen. Eine längere ungestörte Arbeitszeit am Stück unterstützt den Aufbau mentaler Modelle. Letztlich können also selbst einfache Terminänderungen ihre Software-Entwicklung beschleunigen und die Wahrscheinlichkeit von (durch Flüchtigkeitsfehler verursachte) *Bugs* reduzieren.

Entwicklungs-Team

Ich möchte diese Gelegenheit nutzen, um ein farbenfrohes und weites Bild vom Aufbau eines Software-Entwicklungs-Teams zu malen. In vielen (gerade kleineren) Unternehmen werden die meisten der jetzt genannten Arbeiten neben der normalen Programmiertätigkeit durch reguläre Entwickler erledigt. Ich will Sie dazu motivieren, ein Gefühl für die verschiedenen Aufgaben und den Umfang der Arbeit, der beim Schreiben von Software in einem Team entsteht, zu entwickeln.

Coder/Programmierer/Entwickler

Hier in diesem Buch nutze ich die Begriffe *Coder, Programmierer* und *Entwickler* äquivalent. Letztlich bin ich aber nicht davon überzeugt, dass dies der Weisheit letzter Schluss ist. Jede Bezeichnung fokussiert sich auf einen anderen Aspekt und nicht jede Person deckt jeden davon ab.

Ein Programmierer ist etwa eine Person, die einer Maschine sagt, was sie machen soll. Das geschieht mit Hilfe eines Programm-Textes, der alle notwendigen Tätigkeitsschritte enthält. Wenn Sie Ihrer Waschmaschine sagen, was genau sie tun soll oder in Ihrem Handy den Wecker stellen, dann programmieren Sie diese Geräte. Ein Programmierer für Software erstellt Computer-Programme, aber nicht zwangsläufig durch Code. Es existieren sogar Technologien, die Software aus eher piktographischen Beschreibungen heraus erzeugen. Der *No-Code*-Ansatz ist ein Beispiel dafür und das Lernsystem für Kinder namens *Scratch* wäre ein weiteres.

Ein Coder ist demnach ein Programmierer, der Code zur Software-Beschreibung nutzt. Diese Jobbeschreibung sagt jedoch lediglich aus, dass dieser Mensch für seine Arbeit Code verwendet. Es sagt noch gar nichts darüber aus, wie viel Verantwortung an die Stelle gebunden ist, welche Fähigkeiten notwendig sind und wie viel Beschreibung in menschlicher Sprache die Person in Maschinen-Befehle übersetzen muss. Somit könnte ein Coder auch ein *Programmieräffchen* sein.

Der Software-Entwickler wäre von allen dreien die Person mit dem höchsten Ansehen. Ein Entwickler schreibt nicht nur irgendeinen Code, sondern trifft tiefgreifende Entscheidungen zur Ausgestaltung und Strukturierung bzw. *Architektur* des Codes. Darum besitzt der Entwickler weitreichendes Können und Wissen über Programmier-Methodiken und technische Lösungen. Fortwährendes Üben und das Sammeln von bewährten Verfahren erstrebt ein wahrer Entwickler mit ehrlichem Engagement. Da er voll und ganz in den Schaffensprozess des Produkts eingebunden ist, kann er Funktionsbeschreibungen in Code übersetzen und sogar während der Projektierungs- und Design-Phase unterstützen.

DevOps

Der Begriff *DevOps* ist eher neu und eigentlich nicht sauber definiert. Eine Person, die sich auf DevOps-Aufgaben konzentriert, deckt den gesamten Prozess ab, der zum *Software-Building* gehört, also zum Erzeugen eines lauffähigen Produkts aus dem Code heraus. Zusätzlich kontrolliert sie das *Deployment* bzw. die *Installation* und ist verantwortlich für Fragen des Produktbetriebs.

Dieser Bereich der Auslieferung von Software ist für gewöhnlich auch der komplexeste. Während des Build-Prozesses werden externe Abhängigkeiten *(Frameworks)* in den Code eingebunden. Der DevOps-Ingenieur muss die Nachrichten nach potentiellen Sicherheitsproblemen dieser Abhängigkeiten absuchen und das Ersetzen der Frameworks organisieren, falls nötig. Und das kann sehr schwierig werden, je nachdem, wie tief der externe Code in den eigenen verwoben wurde.

Das Sicherstellen eines sauberen Deployments ist ein weiterer komplizierter Aspekt. Falls das Produkt über *Updates* ausgeliefert wird, liegt das Update-System in der Hand dieser Person. Die nahtlose Weiterbetrieb muss gewährleistet werden, um Beschwerden und Schadensersatzansprüche zu vermeiden.

Und zuletzt kümmert sich der DevOps-Mensch auch um den Betrieb der Software an sich. Das heißt, dass jede Facette, die mit Rechen-Ressourcen wie z. B. den *Servern* und der *Cloud* oder *Netzwerken* und Computer-*Hardware* zusammenhängen, in seinen Aufgabenbereich fallen können.

Das alles sollte deutlich machen, dass ein DevOps-Engineer absolut keine Zeit hat, sich neben diesen Aufgaben noch auf tatsächliche Programmier- oder Entwicklungs-Arbeit einzulassen.

Lead Developer

Ein *Lead Developer* wäre die Person eines Entwicklungs-Teams mit dem höchsten Rang. Sie hat personelle Verantwortung und koordiniert die Entwicklungstätigkeit im Allgemeinen. Entgegen einiger weiter verbreiteter Missverständnisse programmiert ein

Lead Developer kaum selbst, weil er mit anderen Tätigkeiten bereits voll ausgelastet ist.

Eine sehr wichtige Aufgabe ist dabei das Kontrollieren des Programmierprozesses. Der Lead Developer prüft, welche Werkzeuge die Entwickler einsetzen dürfen und wie sie sie nutzen sollen. Er organisiert Meetings unter allen Entwicklern, um die Wahl von Programmierrichtlinien zu ermöglichen. Außerdem stellt diese Person sicher, dass alle Vereinbarungen stets von allen Entwicklern eingehalten werden.

Eine weitere Aufgabe des Lead Developers ist die Messung von Metriken der Qualität und Gestalt von Code. Das Erfassen *Technischer Schulden* ist die Grundlage für den Lead, damit er Strategien zur Korrektur angehen kann. Er plant dabei Herangehensweisen, um den Qualitätsgrad zu steigern, definiert konkrete Schritte und erhält einen fairen Anteil an Entwicklungsressourcen zur Umsetzung seiner Vorhaben.

Technischer Product Owner

Ein *Technischer Product Owner* benötigt keine weitreichenden Programmierkenntnisse oder Erfahrung in der Entwicklung, obwohl beides natürlich hilfreich wäre. Die Aufgabe dieser Person ist es, dass sämtliche technischen Anforderungen aus Nutzersicht bekannt, definiert und erfüllt sind. Das sind z. B. Hardware-Anforderungen zum Betrieb des Produkts sowie die Gestaltung der *API*. Sie arbeitet intensiv mit Kunden und allen weiteren *Product Owners* zusammen, um alle Anforderungen kennenzulernen. In vielen Fällen sollten alle Funktionen des Programms aus Nutzersicht über die API verfügbar sein, sodass der Technische Product Owner viel damit beschäftigt ist, *Endpunkte* festzulegen und die Einführung von neuen Versionen bestehender API-Aufrufe zu organisieren, damit Kunden ein möglichst positives Nutzererlebnis erhalten.

Technischer Projektmanager

Ein *Technischer Projektmanager* ist ausschließlich zuständig für konkrete Projekte und macht quasi keine Alltagsarbeiten. Themen sind etwa die Verwaltung rein technischer Kundenprojekte (ohne umfassende Business-Funktion und Oberflächenanpassungen), das Organisieren größerer technischer Aufgaben mit dem Entwickler-Team (technische Verbesserungen) und die Koordination mit Dritt-Unternehmen, um die Integration in größere technische Umgebungen sicherzustellen. Genauso wie der Technische Product Owner benötigt der Technische Projektmanager nicht zwingend tiefgreifende Programmierfähigkeiten, er sollte jedoch die Vor- und Nachteile bestimmter Technologien kennen und ein grundlegendes Verständnis für technische Anforderungen besitzen.

Kommentar
In kleinen und mittelständischen Unternehmen (KMU) gäbe es bereits genug zu tun, um jede dieser Stellen voll auszulasten. In der Realität werden – bis auf die einfache Programmierung – die Aufgaben von einem oder zwei Leuten am Rande des Burnouts erledigt. Falls Sie einen Tipp haben möchten, warum die Qualität Ihres Produkts sinkt oder Kunden unzufrieden sind, schauen Sie einmal dort nach. Bei einer zu großen Belastung drohen Kündigungen und gerade diese Mitarbeiter mit ihren umfangreichen Fähigkeiten und durch Erfahrung aufgebautes Wissen wollen Sie nicht verlieren, glauben Sie mir. Je spezieller eine Jobbeschreibung ist, desto schwieriger wird es, die Person zu ersetzen. Von Einarbeitungszeiten brauchen wir gar nicht erst anzufangen.

Entwurfsmuster

Analogie *Software-Architektur* ist in vielerlei Hinsicht sehr ähnlich zur Architektur von Gebäuden. Genauso wie bei der Konstruktion eines Bauwerks erfordert das Erschaffen von Software, dass eine Menge Experten nahtlos zusammenarbeiten. Genauso wie bei Gebäuden können es neue Anforderungen (durch sich entwickelnde Nutzungsarten oder Änderungen in der Verwendung) notwendig machen, die Software zu erweitern. Und genauso wie bei Gebäuden muss es eine ständige *Wartung* und Pflege geben, damit die Gesamtstruktur nicht verfällt.

Folglich verwundert es nicht, dass einige praktische Lösungen ihren Weg von der Gebäudearchitektur zur Software-Entwicklung gefunden haben. Die Art von Lösung, die ich an der Stelle meine, nennt man *Entwurfsmuster,* auf Englisch *Design Pattern.* Entwurfsmuster sind – unabhängig in welchem Themengebiet Sie sich bewegen – Standardantworten auf wiederkehrende Fragen. Beim Planen eines Hauses könnte es z. B. darum gehen, wie Fenster platziert, Treppen gestaltet oder Dächer gebaut werden müssen. Es gibt etablierte Strategien, die sich schlicht aus der Erfahrung des Berufs heraus entwickelt haben.

Und dreimal dürfen Sie raten, bei der Software-Entwicklung ist es genauso. Ich muss zugeben, die Anwendungsfälle sind sehr abstrakt, aber es gibt sie dennoch. Wenn man verschiedene Teile des Programms über die Änderung eines *Datums* informieren möchte, wenn man Elemente gestalten will, die man ineinander platzieren können soll oder wenn man eine Folge von Aktionen verwalten möchte, es gibt ein Entwurfsmuster dafür.

Die wichtigste Publikation dazu ist das (schon in die Jahre gekommene) Buch *Design Patterns* von der sogenannten *Gang of Four*[11]. Das sind vier Personen, die einen Katalog an nach Typen sortierte Mustern erstellt haben, die nach Art und Lösung des Problems einschließlich Beispielen sortiert sind.

Das Vorhandensein von Entwurfsmustern bedeutet nicht, dass Software-Entwicklung plötzlich ganz einfach geworden ist und dass es keine komplexe Programmierung mehr gibt. Das Bauen eines Hauses ist ja schließlich auch immer noch kein Pappenstiel.

---

[11] Gamma et al., Design Patterns: Elements of Reusable Object-Oriented Software, 1994.

Jedoch hat es die Entdeckung der Muster erleichtert, Lösungen für einige schwierige Probleme zu finden und es half dabei, die Kommunikation zwischen Programmierern zu verbessern bzw. zu standardisieren.

Exception

Falls Sie jemals einen Blick in eine *Log-Datei* oder einen *Fehlerbericht* geworfen haben, dann ist Ihnen sicherlich der Begriff *Exception* über den Weg gelaufen. Eine Exception – zu Deutsch etwa „Ausnahmefehler" – ist die Fehlermeldung eines Programms. Sie enthält meist Informationen darüber, was wo wann schief lief. Dabei bewegt sich die Exception sprachlich stets auf einem Niveau in Code-Tiefe, weshalb der Inhalt für Nicht-Entwickler normalerweise schwer zu interpretieren ist. Aber ein Programmierer sollte vor allem mit Zugriff auf die entsprechende Stelle im Code schon mehr sagen können.

Exceptions sind nicht dafür gedacht, von Endnutzern wahrgenommen, vom Support ausgewertet oder zu *Wartungszwecken* verwendet zu werden. Letztlich sind sie Mechanismen, die direkt im Code eingesetzt werden. Es handelt sich um eine Meldung, die während der Ausführung von Prozessen auftauchen können. Ein Entwickler kann bestimmte Bereiche des Codes auf solche (ggf. ausgewählte) Meldungen mit Hilfe sogenannter *Catches* reagieren lassen. Indem man die Fehler so auffängt, kann man festlegen, was in solchen Fällen passieren soll. Wenn man sich gar nicht um die Meldungen kümmert, kann es hingegen sogar zum Programmabsturz kommen. Die häufigsten Wege, mit Exceptions umzugehen, sind Wiederholungen der fehlgeschlagenen Aktion, das Vermerken des Fehlers in einer Datei (Logging), Daten mit Standardwerten zu besetzen und den Nutzer über den Fehlschlag einer Aktion zu informieren. Als Faustregel gilt, dass die Fehlerverarbeitung entweder eine Lösung bieten soll, damit das Programm weiterhin korrekt ausgeführt werden kann oder eine nützliche Hilfestellung leistet, um dem Nutzer die Möglichkeit zu geben, das Problem selbst zu beheben.

Typische Fälle, die oft Exceptions hervorrufen, sind fehlende Dateien, das Scheitern eines Verbindungsaufbaus, fehlende Daten und fehlerhafte Berechnungen (wie die Division durch Null). Beachten Sie bitte, dass manche dieser Meldungen direkt von der *Programmiersprache* selbst herrühren, andere jedoch von den Entwicklern selbst stammen. Man kann über Quellcode eigene Exceptions definieren, um bestimmte Situationen und potentielle Probleme zu entdecken und zu beheben.

Exceptions enthalten häufig auch einen *Stack Trace*. Das ist eine Liste an Code-Bereichen, durch die die Programmausführung zuletzt gehüpft ist, direkt bevor es zum Fehler kam. Das ist sehr hilfreich, wenn man die Ereignisse und damit den Ablauf rekonstruieren möchte, der letztlich in ein Problem mündete. Allerdings garantiert auch ein Stack-Trace nicht, dass man sofort sieht, was schief gelaufen ist.

Framework

Vielen Menschen, die nicht im Coding-Geschäft drin sind, erscheint der Begriff *Framework* abstrakt und mystisch. Aber man kann recht einfach erklären, was es damit auf sich hat. Frameworks sind fertige Software-Bausteine, die man in das eigene Programm einbauen kann. Diese Bestandteile kommen oft von Fremdanbietern oder aus der Open-Source-Community. Sie sind fertige Teilprodukte, die jedoch nicht eigenständig lauffähig wären. Man kann nicht auf ihren Code zugreifen, ihn also auch nicht verändern oder anpassen. Aber ein Framework erlaubt den Zugriff auf bestimmte Anknüpfungspunkte seines Codes *(Schnittstellen* oder *Interfaces),* sodass man das Framework oft genauso behandeln kann, als ob sein Code Teil des eigenen Quellcodes wäre.

Beispiel Es könnte beispielsweise ein Framework geben, das den Aufbau einer Verbindung zu einer *Datenbank* ermöglicht. Man muss nur das Framework ins eigene Produkt einbinden und die davon angebotenen Funktionen aufrufen. Der Praktikabilität wegen gibt es daher für jedes wiederkehrende Problem bzw. für

Standardaufgaben mindestens ein Framework im *Internet* für die genutzte *Programmiersprache.*

Die Verwendung von Frameworks macht das Entwickeln etwas einfacher, obwohl es auch nicht selten Probleme mit sich bringt. Wenn man solche Fremdbestandteile in das eigene Produkt einbaut, dann macht man sich logischerweise auch abhängig davon. Wenn es nun z. B. eine Sicherheitslücke im Framework gibt oder der Anbieter des Frameworks sich entschieden hat, keine *Updates* und Anpassungen mehr zu liefern, sodass man es nicht mehr in Kombination mit modernen Lösungen verwenden kann, dann muss man auf ein alternatives Framework umschwenken. Das ist aber ziemlich schwer, weil andere Frameworks möglicherweise einen anderen Funktionsumfang und andere Anknüpfungspunkte anbieten, sodass mehr oder weniger Bereiche des eigenen Codes umgeschrieben (und getestet) werden müssen. Ein weiteres, oft ignoriertes, Problem liegt in den Nutzungslizenzen der Frameworks, die gerne auch mal Auflagen für den privaten und kommerziellen Einsatz machen. Achtung, manche Lizenzen zwingen zur kompletten Veröffentlichung des eigenen Quellcodes (z. B. *GPL, GNU Public License*)!

Übrigens liefert jede *Programmiersprache* auch einen Satz an eigenen Algorithmen und Funktionen, die automatisch schon in jedem Programm mit enthalten sind, etwa *mathematische Operatoren* oder Dateizugriff. Entsprechend bezeichnet man es auch als „Framework der Programmiersprache".

Frontend und Backend

Wenn man frisch in die Software-Entwicklung einsteigt, dann klingen die Begriffe *Frontend* und *Backend* zunächst vielleicht etwas seltsam und verwirrend. Wo genau soll denn bitteschön bei einem immateriellen Ding wie einem Programm „vorne" sein?

Das Frontend, auf Deutsch in etwa „Das vordere Ende" beschreibt den Teil des Produkts, das die Funktionalitäten der Datenanzeige und Nutzerinteraktion umsetzt. Darunter fallen demnach *GUI*-Technologien wie zum Beispiel *JSP, Angular, Vue.js* und *React,* die sich genau darauf spezialisieren. Im Gegensatz dazu konzentriert sich das Backend auf den Bereich, der (aus Nutzersicht) eher im Hintergrund liegt. Das Durchführen von Berechnungen, das Verschieben von Daten, der Umgang mit *Automation* und die Kommunikation mit anderer Software sind einige der Hauptaufgaben eines Backends. Für die Umsetzung setzt man meist klassische *Programmiersprachen* wie *Java* und *C#* ein.

Heutzutage teilt man Projekte oft auch technisch in Front- und Backend auf, wobei eine *Schnittstelle* dazwischen die Kompatibilität sicherstellt. Die Trennung ist sinnvoll, da man dadurch spezialisierte Technologien für die jeweiligen Bereiche einsetzen, die Abhängigkeit der Produktteile reduzieren und die Teams aufspalten kann, was die Spezialisierung in Fachbereiche und Flexibilität fördert. Durch mehr Unabhängigkeit innerhalb des Produkts ist der Wechsel zu anderen Konzepten oder Technologien einfacher. Darüber hinaus ermöglicht eine Schnittstelle die Umsetzung ganz verschiedener Frontends, beispielsweise für Smartphones, Webseiten und Desktop-Rechnern, also eine optimale Anpassung an den Einsatzzweck.

GUI

Die *GUI (Graphical User Interface)* ist eine Methode, wie man Zugriff auf eine Software erlangen und mit ihr interagieren kann. Womöglich denken Sie gerade „Wie kann es denn überhaupt einen anderen Weg geben, ein Programm zu steuern, als eine GUI?". Nun, es gibt tatsächlich noch andere Mechanismen. Die *API* wäre beispielsweise so eine weitere *Schnittstelle,* die meist zur Kommunikation mit einer anderen Software dient.

Wie der Name schon sagt, hat eine GUI einen eher grafischen Charakter. Sie bietet Knöpfe, Regler und weitere Elemente zur Interaktion an und stellt Texte zur Ausgabe von Informationen und Anleitung des Nutzers dar. Eine GUI verwendet dabei meistens verschiedene Tricks wie das Hervorheben und Gruppieren wichtiger Bereiche und Daten, z. B. mit Farben; sie beinhaltet Grafiken, Bilder, Symbole und Formen zur schnellen optischen Wiedererkennung und erklärt einem Benutzer genau, welche Interaktionsmöglichkeiten es gibt und was sie bewirken. Kurz gesagt, eine GUI versucht, alle menschlichen Unzulänglichkeiten und Schwächen zu kompensieren, um die Verwendung der Software so einfach wie möglich zu machen.

Selbst für den Menschen gibt es aber noch eine Alternative zur GUI. Erinnern Sie sich noch an die Filme aus den Achtzigern, in denen man Computer-Bildschirme mit grünem Text auf schwarzem Grund sah? Der Protagonist tippte dabei immer ganz laut auf einer grauen Tastatur, was vom Rechner mit noch mehr Text belohnt wurde. So etwas bezeichnet man als *CLI* oder *Command Line Interface (Kommandozeilen-Schnittstelle)*. Ihr eigener Computer – egal ob *Windows, Linux* oder *Mac* – hat immer noch ein CLI mit an Bord. Sie finden es unter dem Namen *Console* bzw. *Konsole* oder *Terminal*. Für jemanden, der die Befehle in- und auswendig kennt, ist das CLI wesentlich angenehmer und schneller als eine normale GUI für den eher unerfahrenen oder unsicheren Benutzer. Außerdem ermöglicht die CLI, auch in Form von *Skripten,* einen gewissen Grad an *Automation.* Darum bevorzugen Entwickler eine CLI gegenüber einer GUI.

Hacking und Attacken

Hacking ist das schadhafte Eindringen in oder Manipulieren von einem System. Oft liegt das Ziel darin, an private Daten heranzukommen. Auch das Erlangen von Zugang zu einem System, um die dann verfügbare Rechenleistung zu Nutzen, z. B. um *Crypto-Währungen* zu schürfen oder wiederum andere Rechner zu attackieren, kann ebenso ein Grund für Hacker-Angriffe sein. Auch kommt es vor, dass Menschen anderen Menschen einfach nur schaden möchten oder nach einem Gefühl der Macht oder Überlegenheit streben. Im Folgenden möchte ich – aus technischer Sicht – einige Hacks und Attacken vorstellen, um bei Ihnen ein Bewusstsein für mögliche Schwachstellen und Herausforderungen zu schaffen.

DDoS

Eine Sorte des Angriffs ohne eigentlichen Hack ist die *DDoS-*Attacke. DDoS steht dabei für *Distributed Denial of Service,* übersetzt bedeutet das „Verteilte Dienstverweigerung". *DoS* heißt in diesem Zusammenhang, dass man einen Anbieter lahmlegt, sodass dessen Kunden bzw. Nutzer den *Dienst* nicht mehr nutzen können. Die Unterkategorie *DDoS* spezifiziert noch einmal die Art des Angriffs. Hierbei wird ein Service, oft ein *Server* im *Internet,* lawinenartig mit so vielen (normalerweise unproblematischen) Anfragen bombardiert, dass er schlicht komplett überlastet ist und seine Arbeit nur extrem langsam oder gar nicht mehr leisten kann, schließlich respektiert der Server jeden Aufruf. Für die Blockade einer Webseite reicht es also aus, ihre Adresse von tausenden Computern auf einmal aufzurufen, wenn nicht genug in entsprechende Absicherung investiert wurde.

Wenn ein Angreifer so eine Aktion starten möchte, dann wäre der einfachste Weg, einem leistungsstarken Rechner so zu programmieren, dass er sehr viele Aufrufe des Zieldienstes absetzt. Diesen einfachen Angriffen kann man bereits mit einer *Firewall* Herr werden. Da es lediglich ein einzelner Computer ist, lassen sich oft automatisiert bestimmte Eigenschaften finden, die wie ein Fingerabdruck zeigen, dass hinter all den Anfragen immer genau eine Quelle sitzt. Somit kann man diesen einen Störer blockieren und seine Anfragen herausfiltern, noch bevor der eigentliche Server belastet wurde.

Aus dem Grund bemühen sich professionelle Hacker darum, Zugriff auf möglichst viele tatsächliche Fremdsysteme zu erlagen. Durch eine so aufgebaute physische Computer-Armee kann man Attacken starten, deren Profile sich stark unterscheiden und die auch eine Firewall schwer zuordnen kann. Das Schlimme ist, dass vielleicht sogar der legitime Betreiber eines solchen Systems nicht weiß oder sieht, dass sein eigener Rechner oder Server durch jemand anderes für den Angriff missbraucht wird.

Interessanterweise geschehen ab und zu auch „legale" DDoS-Angriffe. Wenn Sie sich den Ablauf eines DDoS vor Augen halten, dann können Sie erkennen, dass ein Massenansturm bei der Veröffentlichung eines neuen und heiß ersehnten Computerspiels oder beim Verkauf begehrter Konzertkarten im Grunde auch nichts anderes ist. Auch solche Situationen können einen Dienst in die Knie zwingen. Wenn Sie als Nutzer dann verzweifelt versuchen, eine Webseite immer wieder zu aktualisieren (weil ja durch die Überlastung nichts mehr angezeigt wird), kann es schnell passieren, dass Ihr Computer für einige Zeit blockiert wird, weil Sie fälschlicherweise durch die Firewall als Angreifer identifiziert wurden. Weil sich „gute" und „böse" DDoS-Situationen nur schlecht unterscheiden lassen, ist es auch kaum möglich, so einen Angriff komplett abzuwehren.

Analogie Damit Sie das Problem eines DDoS besser verstehen, können wir uns eine ganz andere Geschichte vorstellen. Nehmen wir an, Sie betreiben ein Schnellrestaurant. Wenn eines Abends zwei Fußballteams mitsamt ihren Freunden bei Ihnen auftauchen, um geduldig je ein ganzes Menü zu bestellen, dann haben Sie im Grund nichts dagegen – alles zahlende Kunden.

Wenn aber jemand einen Flash-Mob organisiert, einen spontanen Massenansturm aus Spaß, und Ihre Filiale voller Menschen ist, die aus Jux nur eine einzelne Pommes bestellen, dann wollen Sie die Menge loswerden. Falls die Störenfriede alle das gleiche Kostüm tragen, hat die herbeigerufene Polizei vielleicht leichtes Spiel, Ihnen dabei zu helfen, Ihr Hausrecht auszuüben. Wenn jede Person aber normal gekleidet ist, müssen Sie im Grunde alle raus werfen. Womöglich schließen Sie den Laden für den Rest des Tages.

Vor genau den gleichen Problemen stehen Server-Betreiber. Auch sie haben manchmal nur die Option, ausnahmslos jede Anfrage für eine gewisse Zeit abzulehnen. Und ein positiver Massenansturm sollte möglichst erkannt und abgearbeitet statt abgewehrt werden.

Brute-Force-Attacke

Eine *Brute-Force*-Attacke ist ein Versuch, auf ein technisches System einzuwirken, indem man seine Sicherheitsmechanismen umgeht. Der Witz an der Sache ist, dass nicht etwa wirkliche Schwachstellen ausgenutzt, sondern einfach mit „roher Gewalt"alle denkbaren Eingaben wie Passwörter durchprobiert werden.

Beispiel Der Versuch, ein *Passwort* zu knacken, kann so ausse-hen, dass man jeden Eintrag einer Liste häufiger Wörter durchgeht. Wenn man das Passwort damit noch nicht erraten hat, kann man ein Ausrufezeichen hinter jeden Eintrag setzen, dann mit „123" weiter machen, danach Leetspeak versuchen und wenn wirklich alles nichts hilft, knallhart alle Kombinationen aus Zahlen, Zei-chen und Buchstaben durchgehen. Vielleicht erinnert Sie das an das Knacken eines Zahlenschlosses. Wer die Zahlenkombination an seinem Fahrrad vergessen hat, dem bleibt auch nur die Brute-Force-Methode.

Zwei Möglichkeiten, Brute-Force-Angriffen Einhalt zu gebieten sind das Blockieren des Accounts nach drei Fehlschlägen sowie die künstliche Verzögerung des Vorgangs (z. B. um fünf Sekunden), sodass zugreifende Systeme extrem lange brauchen würden, um alle Kombinationen durchzugehen.

Digitaler Fingerabdruck

Das moderne Hacking geht sehr kreative Wege, um ans Ziel zu kommen. Es kann sein, dass Sie denken, Sie seien sicher, wenn Sie *Cookies* löschen, Werbung blockieren, sogar Ihre *IP*-Adresse ab und zu ändern oder gar mit einem *VPN-Netzwerk* surfen. Aller-dings macht sich Hacking nach aktuellem Stand der Kunst Ihren *Digitalen Fingerabdruck* zunutze.

Natürlich sind oben genannte Maßnahmen meist dazu gedacht, Sie schwer identifizierbar zu machen. Sie sollen als Benutzer oder Person nicht zugeordnet werden können. Das Problem ist aber, dass Ihr Gerät und die Programme darauf sehr charakteristische, teils sogar einzigartige, Eigenschaften aufweisen. Dabei sind einzelne Merkmale wie Konfigurationen nicht unbedingt einzigartig, jedoch sehr wohl ihre Zusammenstellung.

Beispiel Manche Menschen nutzen *Mozilla Firefox* als Browser, in Version 105.0.2. Manche Menschen nutzen *Linux* Mint 21 als *Betriebssystem.* Manche Menschen leben in Deutschland. Manche Menschen arbeiten an einem Rechner mit einem *Intel Core i9* als *Prozessor.* Manche Menschen... nun, Sie merken schon worauf ich hinaus möchte. Wer aber erfüllt alle Eigenschaften gleichzeitig? Nur Sie. Und jetzt wo ich Sie identifiziert habe, kann ich die Nachverfolgung fortsetzen und noch mehr Informationen und Wissen über Sie ansammeln. Diese Daten sind pures Gold für die Werbeindustrie.

Beispiel Noch eine Methode, Ihren Digitalen Fingerabdruck zu erstellen, ist das Tracking von Cookies. Das sind Daten in Ihrem Browser, die von Diensten, die Sie nutzen, dort platziert wurden. Normalerweise hat jeder Mensch eine mehr oder weniger individuelle Sammlung an besuchen Webseiten. Das bildet ein eindeutiges Muster dadurch gespeicherter Cookies in jedem System, das Sie regulär benutzen. Egal ob Laptop, Arbeitsrechner oder Smartphone, das Internet weiß, wer da vor ihm sitzt – selbst, wenn Sie Ihre eigenen Geräte nicht aktiv miteinander synchronisieren. Wie Sie sehen, spielen sogar die Art des Geräts und das verwendete Betriebssystem hier keine Rolle. Darum ist der sogenannte Inkognito-Modus eines Browsers auch schlicht ein Witz, denn er hilft in solchen Fällen kaum.

Man-in-the-Middle-Attacke

Die Möglichkeiten der Angreifer sind beinahe nur durch ihre Fantasie beschränkt. Im Folgenden möchte ich einen Typ des Angriffs schildern, der eher komplex ist, aber dennoch in jedem Fall bei der Gestaltung eines Systems berücksichtigt werden sollte. Damit Sie verstehen, was beim Vorgang überhaupt passiert, vergleichen wir es mit einem Fall aus dem richtigen Leben.

Analogie Nehmen wir an, ich möchte einen Enkel und seine Großmutter um ein paar Euro erleichtern. Dazu mache ich mir die Tatsache zunutze, dass beide die Handschrift des jeweils anderen nicht kennen. Der Trick würde auch über das Telefon funktionieren, wenn ich die Verbindungsqualität drastisch herunter schrauben oder meine Stimme clever verzerren würde. Aber lassen Sie uns bei dem Fall mit der schriftlichen Korrespondenz bleiben.

Alles, was ich wissen muss, ist, dass beide Opfer in einer Beziehung zueinander stehen. Ich beginne nun damit, einen Brief an die Oma zu schreiben. Darin schildere ich ein paar plausible Inhalte, um mich glaubwürdiger zu machen. Die Großmutter erkennt nicht, dass es sich nicht um die Handschrift ihres Enkels handelt und freut sich über den Brief. Selbstverständlich antwortet sie sehr gerne zurück und erzählt ihrerseits ein paar wichtige Informationen. Dass sie aber an mich schreibt, weiß sie selbstverständlich nicht. Nun weiß ich schon wesentlich mehr über die Großmutter, z. B. den genauen Namen, Geschichten über frühere gemeinsame Urlaube und so weiter. Das gibt mir jetzt die Möglichkeit, mich auch an den Enkel zu wenden und mich in den Briefen an ihn glaubwürdig als seine Oma auszugeben. Das Ganze kann anschließend ein paar mal hin und her gehen und ich kann wahre Informationen nutzen, um an noch mehr davon zu gelangen. Am Schluss, wenn das Vertrauen hinreichend ist, benötige ich nur eine Ausrede, um nach Geld zu fragen. Vielleicht sage ich dem Enkel, dass der Großvater plötzlich eine medizinische Behandlung braucht, die von der Krankenkasse nicht übernommen wird. Und der Großmutter erzähle ich, dass ich von der Uni geworfen werde, wenn ich meine Gebühren nicht zusammenbekomme. Aus der jeweiligen Perspektive fragt nur die andere Seite nach Geld. Und beide Seiten sind bereit, welches zu versenden.

Beispiel Es sollte Sie nicht überraschen, dass diese Masche auch in die technische Welt übertragen werden kann. Computer sind ja auch nur Menschen. Ich muss nur jede Menge E-Mails an Ihre Adresse senden, wobei jede Mail scheinbar von einer anderen Bank stammt. Irgendwann errate ich das Geldinstitut, bei dem Sie Kunde sind. In der Nachricht bitte ich Sie – selbstredend aus Sicherheitsgründen – um Ihre Zugangsdaten. Das kann beispielsweise mit einem Link und der Weiterleitung auf eine täuschend echte Webseite geschehen. Einmal eingetragen ermöglichen Sie es mir, genau diese Daten zu nutzen, damit ich mir Ihre Kontoinformationen ansehen kann. Und schon habe ich alles, was ich brauche, um eine persönliche Nachricht an Sie zu schreiben. Ich könnte eine existierende große, möglicherweise ungewöhnliche, Überweisung heranziehen, die ich zur Nachforderung von Gebühren nenne. Das Geld muss jedoch selbstverständlich aus verwaltungstechnischen Gründen an ein ganz anderes Konto überwiesen werden. Vielen Dank für Ihre Mithilfe!

Diese Beispiele sollten zeigen, dass es überaus schwer ist, Man-in-the-Middle-Attacken beizukommen. Eine Strategie wäre die *Verschlüsselung* aller Informationen, von vorne bis hinten, mit einer *asymmetrischen Verschlüsselung*. Wenn man als Angreifer verschiedene Köder verschickt, aber immer nur verschlüsselte Inhalte (die nur der legitime Empfänger lesen kann), erhält, hat man keine Chance zum Missbrauch. Folgerichtig sollte am besten jede Korrespondenz verschlüsselt werden. Und wissen Sie was? Das ist genau der Grund, weshalb die ganze Welt vor einigen Jahren von der *HTTP*-Technologie im Internet auf *HTTPS* umsatteln musste. Das „S" steht für „secure", also „sicher" und gewährleistet eine komplett verschlüsselte Verbindung.

Social Hacking

Eine eher unerwartete Methode des Hackens ist das sogenannte *Social Hacking*. Die Angreifer versuchen, das Opfer so zu manipulieren, dass es so viele Informationen wie möglich über sich preisgibt, z. B. den Namen des Partners und der Kinder, Geburtsdaten usw., um dieses Wissen etwa für das Erraten von *Passwörtern* einzusetzen. Das ist natürlich nur deshalb möglich, weil viele Menschen eben solche Daten für *Logins* und Sicherheitsabfragen nutzen[12].

Das ist ein potentielles Risiko für den Benutzer und tendenziell eine Schwachstelle eines Systems. Darum empfehlen Experten

---

[12] „Wie lautet der Name Ihres ersten Haustiers?"

auch absolut zufällige und lange Passwörter. Weil sich die aber niemand merken kann, wird die Verwendung eines Passwort-Safes empfohlen, der einem (auf sichere Weise) dabei hilft, Zugangsdaten zu verwalten.

IDE

IDE steht für *Integrated Development Environment,* übersetzt in etwa Integrierte *Entwicklungsumgebung,* was zunächst nach einem monströsen System zur Produktion einer Software klingt. Letztlich sprechen wir aber eher über einen gehobeneren Texteditor. In den meisten Fällen handelt es sich einfach um ein Programm, das einem mehrere Werkzeuge zur Unterstützung der Entwicklung an die Hand gibt. Einige der bekanntesten IDEs sind *Visual Studio Code, Visual Studio, IntelliJ, Android Studio, PyCharm* und *Eclipse.* Bitte beachten Sie, dass die meisten davon für nicht-kommerzielle und manche auch für kommerzielle Zwecke kostenlos sind.

Worin besteht dann der Unterschied zwischen einem Text-Editor und einer IDE? Das große Highlight heißt *Syntax Highlighting.* Die IDE nutzt verschiedene Schriftarten und -farben zum Markieren von Schlüsselbegriffen und Wörtern mit bestimmten Bedeutungen. Das ist sehr wichtig, weil es nicht nur dabei hilft, die Struktur des Codes zu verstehen, sondern auch deutlich macht, wie ein Element im Code verwendet wird. Entsprechend öffnet das Syntax Highlighting regelrecht eine weitere Dimension des Quelltexts.

Eine weitere Funktion einer IDE ist die übersichtliche Darstellung von Bereichen des Codes, die auf bestimmte andere Bereiche zugreifen. Man kann sogar Anleitungen schreiben und lesen, die einem Hinweise zur Verwendung von Code-Teilen bieten. Und selbstverständlich lassen sich alle möglichen Arten und Suchanfragen stellen.

Für gewöhnlich wird ein Entwickler auch einige der *Automationen* nutzen. Das betrifft z. B. die Erzeugung von kleinen, aber häufig benötigten, Code-Partikeln, das Suchen und Ersetzen von Elementbezeichnungen im gesamten Text sowie alle nur denkbaren

Ausprägungen von Prüfungen, Untersuchungen und Erstellungen von Statistiken. Für noch mehr Unterstützung besitzt fast jede IDE einen Katalog an Erweiterungen, die man sich schnell und einfach *installieren* kann, sodass man noch mehr Funktionen erhält.

Zu guter Letzt integriert eine IDE sämtliche notwendigen Aufgaben, die bei der Entwicklung anstehen. Das *Building* einer ausführbaren Version des Produkts, das Starten des Entwurfs im *Debug-Modus* und die Versionsverwaltung sowie Mechanismen zur Zusammenarbeit sind Kernfunktionen einer jeden IDE.

Zusammenfassend lässt sich sagen, dass eine IDE fast alles bietet, was man für die Entwicklung einer Software benötigt. Die weitreichende Hilfe während des Schreibens von Quelltexten ist aufgrund der *Komplexität* der Programmierung absolut unverzichtbar. Während man Code verfasst, muss man gleichzeitig oft weitere Aspekte und Optionen im Blick behalten. Das Markieren von Elementen und der schnelle Zugriff auf viele Informationen ist somit eine entscheidende Voraussetzung, um schnell und sicher programmieren zu können.

Kommentar

Weil jede IDE ziemlich kompliziert ist, sind die meisten Entwickler auf eine, höchstens zwei, solcher Programme spezialisiert und möchten mit ihrem jeweiligen Favoriten arbeiten. Normalerweise sollte es keine großen Schwierigkeiten bereiten, jedem Entwickler die von ihm geliebte IDE bereitzustellen. Obwohl es etwas knifflig sein kann, Konfigurationen wie Regeln zum Stil des Codes[13] oder Problemgrade unter den Entwicklern zu teilen, wenn verschiedene Systeme im Einsatz sind.

---

[13] *Linter*-Regeln.

IP und Ports

Die *IP*-Adresse *(Internet Protocol)* ist die Adresse eines Geräts in einem *Netzwerk* wie dem *Internet* oder dem *Intranet*. Solche Netzwerke sind meist so aufgebaut, dass im Zentrum ein Verbund von *Routern* steht. Das sind Maschinen, die am Datenverkehr teilnehmen, untereinander vernetzt sind und deren Aufgabe es ist, Daten weiterzuleiten. Wenn man mit dem eigenen Computer am Netzwerk teilnehmen möchte, muss der Rechner mit einem solchen Router verbunden werden. Durch einen intelligenten Informationsaustausch wissen alle Geräte, wie das Netz aufgebaut ist, wer teilnimmt oder wen sie nach Teilnehmern fragen können. Die Identifizierung von Computern geschieht eben über die IP. Wer also Daten von einem Rechner an einen anderen senden möchte, der teilt den Datensatz in kleinere Portionen, sogenannte Pakete, und versieht jedes Paket mit der IP des Senders und der des Empfängers. Nun kann man jedes Paket einfach an den angeschlossenen Router geben. Dieser weiß dank der IP, an welchen nächsten Router das Paket geschickt werden muss und so weiter. Das alles ist keine genaue Wissenschaft. Das Netz verändert sich ununterbrochen und die Auslastung der einzelnen Geräte schwankt stark. Darum können einzelne Pakete ganz verschiedene Wege durch das Netzwerk nehmen. Somit kann es auch sein, dass die Länge des Weges und Dauer der Reise schwanken, weswegen Pakete nicht zwingend in der Reihenfolge ankommen, in der sie verschickt wurden. Jedes Paket hat eine andere Route genommen. Der Empfänger muss also alle Pakete eines Datensatzes noch einmal korrekt sortieren, bis die darin enthaltenen Informationen verarbeitet werden können.

Analogie So ein Netzwerk kann man gut mit einem Galtonschen Nagelbrett oder einer alten Pachinko-Maschine vergleichen. Das sind mit Nägeln oder Pollern versehene, aufgestellte Bretter, in die man oben eine Murmel hineinwirft, die dann verschiedene Wege nach unten nehmen kann. Das, was beim Brett die Schwerkraft erledigt, macht im Netzwerk die IP-Adresse, denn auch sie zieht gewissermaßen das Datenpaket – die Murmel – zu sich. Die Nägel verhalten sich wie Router, die ein Paket mal nach links, mal nach rechts weiterleiten. Der Weg der Murmel kann sehr direkt oder sehr umständlich verlaufen. Und wenn man mehrere Kugeln oben einwirft, dann müssen sie nicht zwingend auch in genau der gleichen Reihenfolge unten ankommen, denn so manche Kugel könnte sogar auf der Strecke wieder eine Ebene nach oben gestoßen werden.

Eine IP-Adresse kann wie 211.134.5.13 (Format: IPv4) oder wie a035:0383::478f:bb85:1123:bc73:2378 (Format: IPv6)[14] aussehen. Version 6 wurde in den späten 2000-Jahren eingeführt, weil die Zahl möglicher verschiedener Adressen bei Version 4 langsam ausgeschöpft wird. Beachten Sie aber, dass noch heute beide Standards nebeneinander verwendet werden und die neue Version auch nicht von allen Geräten und Einrichtungen unterstützt wird.

Wenn wir über IP-Adressen sprechen, müssen wir auch das Thema *Ports* erwähnen. Ein Port kann als eine Unteradresse einer IP betrachtet werden. Beispielsweise hat man die Adresse 211.134.5.13:8080, wobei 8080 die Port-Angabe darstellt. Es handelt sich um die Kommunikationsstationen eines Computers. Die IP sagt ja nur aus, von und zu welchem Gerät Daten gesendet werden. Ein Port gibt aber an, um welchen Gesprächsfaden es geht. Man sendet also normalerweise etwas über ein Netzwerk an einen Computer und dort an einen bestimmten Port. Auch der Rechner selbst kann seine eigenen Ports benutzen, zum Beispiel für die interne Kommunikation zwischen zwei Programmen. Darum müssen Sie stets auf der Hut sein und genau prüfen, welche Ports schon belegt sind, bevor Sie eine solche Kommunikation einrichten. Keine Sorge, die *Informatik* kümmert sich darum, sodass der gemeine Endnutzer keinen Gedanken daran verschwenden muss.

Darüber hinaus müssen Betreiber und Nutzer von *Servern* aufmerksam prüfen, dass von der *Hardware* (z. B. der *Firewall*) keine erwünschten Nachrichten zu bestimmten IP- und Port-Adressen

---

[14] Es gibt kein IPv5.

herausgefiltert werden. Sie wissen sicherlich, dass der Datenverkehr mit der Außenwelt bestimmte Gefahren mit sich bringt. Angreifer können zu tolerant eingestellte Netzwerk-Geräte zum Eindringen in einen Rechnerverbund verwenden und dadurch die Kontrolle über Informationen und Maschinen erlangen. Aus diesem Grund muss eine Firewall zwingend automatisch auf Datenströme mit verdächtigen Eigenschaften reagieren und diese blockieren. Frisch eingerichtete *Dienste* erzeugen manchmal solche „ungewöhnlichen" Nachrichten. Die Firewall kennt sie noch nicht bzw. die explizite Freigabe wurde durch den Administrator noch nicht erteilt. Dann kommt es zu Situationen, in denen der Laie sagt „Ich glaube, ich habe alles richtig eingestellt. Aber irgendwie kommt trotzdem noch nichts an. Die Verbindung geht nicht.", was in sehr vielen Fällen durch eine kleine manuelle Einstellung in der Firewall gelöst werden kann.

ISO/OSI

Das nachfolgende Thema ist schon sehr speziell und geht ziemlich tief in die Materie der *Informatik* hinein. Trotzdem denke ich, dass es auch spannend für Sie sein kann, mal einen Einblick in die technischen Denkmuster eines Entwicklers zu bekommen und – zumindest grob – zu verstehen, wie er seine Welt wahrnimmt. Dafür eignet sich die Diskussion des Themas *ISO/OSI*. Das ISO/OSI-Modell ist das beste Beispiel für etwas, was extrem kompliziert klingt, aber im Grunde gar nicht so schwierig zu verstehen ist. Natürlich steht ISO hier für die *International Standardization Organization* und OSI bedeutet *Open Systems Interconnection,* auf Deutsch etwa „offene Verbindung von Systemen untereinander". Das alles stellt eine einfache Beschreibung dar, wie Computer und andere Maschinen miteinander kommunizieren.

Analogie Damit Sie das grundlegende Konzept begreifen, schauen wir uns eine Analogie aus dem Alltag an. Nehmen wir an, ich möchte Ihnen eine Enzyklopädie schicken; sie besteht aus mehreren Bänden. Aber an meinem Wohnort gibt es keinen Paket-

Dienstleister, weswegen ich Ihnen nicht einfach eine Kiste mit allen Büchern senden kann. Um das Problem zu lösen, teile ich die Enzyklopädie zunächst in ihre Bücher auf, aus denen sie ja sowieso schon besteht. Nun zerlege ich die Bücher in einzelne Seiten[15]. Einzelne Blätter kann ich nun bequem per Post verschicken[16]. Jedes Blatt lege ich in einen Briefumschlag und beschrifte ihn mit Ihrer Adresse, dazu vermerke ich Band- und Seitennummer. Es wird die gesamte Enzyklopädie verschickt und weil Sie alle nötigen Informationen haben, können Sie die Bücher bei sich zu Hause problemlos wieder zusammenpuzzeln.

Haben Sie etwas bemerkt? Also, abgesehen davon, dass das Szenario ziemlich an den Haaren herbeigezogen ist? Wir starteten zunächst auf einem abstrakten Niveau mit dem Konzept des eigentlichen Inhalts, den wir verschicken wollten, nämlich der Enzyklopädie. Das ist die immaterielle Bedeutung der Buchsammlung. Je mehr wir uns dann Schrittweise dem tatsächlichen Versandvorgang genähert haben, desto mehr blendeten wir von der Abstraktion über hin zum konkreten Material, dem Träger des Inhalts. Während dieses Übergangs zerteilten wir die originale Sache immer weiter. Im letzten Schritt vor dem Versenden sprachen wir über ganz physische Dinge – die Blätter –, ohne uns darum zu kümmern, was auf ihnen steht. Insbesondere hätten die Blätter auch nur Teile von Kapiteln beinhalten können, ja noch nicht einmal vollständig verständliche Abschnitte. Erst das Zusammensetzen stellt den ursprünglichen Sinn wieder her.

Außerdem möchte ich Sie darauf hinweisen, dass es äquivalente Schritte auf beiden Enden des Postwegs gibt, wobei jeder Schritt einem anderen Zweck dient. Bei der Aufteilung (und Zusammensetzung) der Enzyklopädie in Bände konzentrieren wir uns auf die Praktikabilität, sprich die Verwendung des Gesamtobjekts. Das Zertrennen (und Rekonstruieren) der Bücher in Blätter thematisiert die grundsätzliche Lesbarkeit von Kapiteln. Und die Handhabung auf dem Niveau von einzelnen Blättern dreht sich nunmehr

---

[15] Ich bin mir sicher, Sie haben genug Kleber zu Hause.
[16] Auch wenn das ziemlich teuer werden wird.

ausschließlich um den reinen Transport. Logischerweise bewege ich mich also in der Hierarchie nach unten, wenn ich das Objekt versenden möchte und Sie als Empfänger gehen den Weg wieder hinauf und kehren meinen Prozess um.

Es wird Sie nicht überraschen, wenn ich Ihnen mitteile, dass Computer genau das Gleiche machen. Das ISO/OSI-Modell beschreibt nichts anderes als die Schritte der De- und Rekonstruktion in Form von Schichten. Jede davon stellt eine andere Sichtweise, einen anderen Abstraktionsgrad derselben Sache in den Vordergrund. Man startet auf der obersten Schicht Nr. 7, die sich um die Bedienung der Software durch den menschlichen Benutzer dreht. Nach ein paar Stufen landet man auf Schicht 4, wo es um die Organisierung des Datentransports geht. Ganz unten auf Schicht 1 spricht man dann nur noch z.B. von elektrischen Signalen in Kabeln. Nach der Übertragung klettert man wieder Schicht um Schicht hinauf. Achtung: Die konkrete Umsetzung jeder Schicht und seiner Rolle ist nicht festgelegt. ISO/OSI handelt lediglich davon, welche Aufgaben beim Datentransport gelöst werden müssen. Die Ausgestaltung sieht für jede Technologie also ganz anders aus. Im Fokus steht ausschließlich die Standardisierung der Fachdiskussion unter Informatikern.

Comment

Ich habe gerade erklärt, dass die oberste Schicht die Nummer Sieben hat und die eigentliche Software repräsentiert. In dem Zusammenhang hat sich unter Nutzerbetreuern ein Spruch eingebürgert. Wenn Ihnen jemand sagt, dass das Problem auf „Schicht 8,, bzw. „layer eight" sei, dann meint diese Person, dass das Problem mit einer Tasse Kaffee vor dem Bildschirm sitzt, denn höher als das Programm ist nur noch der Mensch, der es bedient.

JSON

Die *JavaScript Object Notation*, kurz *JSON*, ist ein Weg, Daten auf strukturierte Weise darzustellen, sodass Computer (und auch Menschen) sie leicht lesen und schreiben können.

Es gibt nicht viel, was Sie über JSON wissen müssen. Zunächst, jedes Element und Unter-Element im Datensatz hat einen Bezeichner.

Eine Nummer wird so vermerkt:

```
"anzahlKunden": 1337
```

Texte gehören stets in englische Anführungszeichen:

```
"name": "Grzegorz Brzęczyszczykiewicz"
```

Wenn man Elemente gruppieren möchte, dann zählt man sie innerhalb geschweifter Klammern auf:

```
{
    "name": "Paul",
    "alter": 41
}
```

Falls Sie eine Liste gleichartiger Elemente haben, dann werden diese innerhalb von eckigen Klammern aufgezählt – vergessen Sie bloß nicht den Bezeichner für die Liste selbst:

```
"kundenliste": ["Carla Myers", "Jack Smith"]
```

Am Schluss sieht eine JSON-Datei beispielsweise so aus:

```
{
    "name": "Anne Peterson",
    "age": "36"
    "spouse": "Alex Peterson",
    "children": [
        {
```

```
                    "name": "Michael Peterson",
                    "age": 12
            },
            {
                    "name": "Kate Peterson",
                    "age": 9
            }
        ]
    }
```

Im Vergleich zum *XML*-Format wirkt JSON nutzerfreundlicher und weniger fehleranfällig, da man den Bezeichner jedes Elements nur einmal vermerkt. Die Labels für XML-Elemente hingegen müssen vor und hinter das Element, sodass man eines davon leicht vergessen kann, was häufig zu Verarbeitungsfehlern führt. Und weil JSON-Dateien nicht so geschwätzig sind, sondern eine kompakte Repräsentation umsetzten, sind sie tendenziell kleiner, was wiederum den Datenverbrauch reduziert und die Lesbarkeit verbessert.

Aus diesen Gründen werden JSON-Dateien heutzutage vielfach eingesetzt. Man verschickt diverse Dateninhalte im JSON-Format, beispielsweise als Inhalt von Nachrichten über *REST-Schnittstellen*.

Kodierung

Das Wort *Kodierung* oder *Encoding* könnte umschrieben werden mit „Repräsentation von Daten". Die exakt gleiche Information kann in ganz verschiedene Weisen kodiert werden und dadurch zwar unterschiedlich aussehen, aber trotzdem den gleichen Inhalt bzw. die gleiche Bedeutung haben.

Beispiel `orange`, `#FFA500` und `(255, 165, 0)` repräsentieren die gleiche Farbe im Kontext der Programmierung.

Dezimaldarstellung

Die Zahlen, die wir tagtäglich verwenden, sind in *Dezimaldarstellung* kodiert. Und dennoch können Sie ihre Bedeutung ziemlich schnell erfassen. Was, Sie glauben mir nicht? Nun, schauen Sie sich doch einmal das hier an:

$$126 = (1 \cdot 10^2) + (2 \cdot 10^1) + (6 \cdot 10^0)$$

$$mit\ 10^2 = 10 \cdot 10 = 100,$$
$$10^1 = 10$$
$$und\ 10^0 = 1 \qquad (1)$$

Der Code 126 bedeutet, dass man einmal Hundert, zweimal Zehn und sechsmal Eins hat[17]. Der Grund, weshalb Sie diese Zahl sofort verstehen, ist, dass Sie schon früh gelernt haben, ein Gefühl dafür zu entwickeln wie viel einmal Hundert plus zweimal Zehn usw. überhaupt ist. Ihr ganzes Leben haben Sie damit verbracht, solche Zahlen zu dekodieren, um sie zu verstehen.

Wie Sie sehen, ist die Dezimalschreibweise die beste für den durchschnittlichen, menschlichen Leser.

Binärdarstellung

Die *Binärdarstellung* von 126 funktioniert auf die gleiche Art, nur mit 2 statt der 10 als Basis:

$$1111110$$
$$= (1 \cdot 2^6) + (1 \cdot 2^5) + (1 \cdot 2^4) + (1 \cdot 2^3)$$
$$+ (1 \cdot 2^2) + (1 \cdot 2^1) + (0 \cdot 2^0)$$
$$= 64 + 32 + 16 + 8 + 4 + 2 + 0$$
$$= 126$$

---

[17] Zehn hoch null ist eins.

Natürlich sollte ich nicht einfach 1111110 = 126 schreiben, denn das wäre überaus verwirrend. Wir können die jeweilige Kodierung aber in einer kleinen Indexnummer hinterlegen: $1111110_2 = 126_{10}$.

Im Abschnitt zum Thema „Datenmengen" finden Sie weitere Informationen, weshalb die binäre Darstellung häufig im Zusammenhang mit Computern auftaucht.

Hexadezimal-Darstellung

Die *Hexadezimal-Darstellung* (auch *Hex* genannt) von 126 sieht so aus:

$$7E_{16} = (7 \cdot 16^1) + (14 \cdot 16^0)$$

Was? Buchstaben? Nun, das Problem ist, dass unsere Basis jetzt Sechzehn lautet, was wir aber durch ein einzelnes Zeichen repräsentieren müssen. Deshalb macht man nach der 9 einfach mit Buchstaben weiter:

```
0, 1, 2, 3, 4, 5, 6, 7, 8, 9, A, B, C, D, E, F
```

Es muss leider stets genau eine Stelle sein, sonst würde man beispielsweise nicht wissen ob 10 jetzt „zehn" oder „eins null" bedeutet.

Wie Sie sehen, ist Hex ziemlich praktisch, weil es eine sehr kompakte Darstellung ermöglicht[18].

ASCII

Nicht nur Zahlen, sondern auch Buchstaben und Symbole können aus Zweckmäßigkeit kodiert werden. Ein Typus der Kodierung

---

[18] Computer arbeiten intern oft mit *Bytes* als Datenportionen. So ein Byte lässt sich mit acht *Bits* (das sind binäre Zeichen) oder nur zwei Hex-Zeichen darstellen. Darum ist die Hex-Variante meist komfortabler.

für Symbole ist *ASCII (American Standard Code for Information Interchange)*. Das Encoding für Zeichen ist relativ einfach. ASCII ist schlicht eine *Tabelle* mit allen angebotenen Symbolen und man nennt einfach die Nummer des Eintrags. Zum Beispiel entspricht die Nummer 33_{10} dem Ausrufezeichen. Jedoch schreibt man meistens die Hex-Nummer, nicht die Dezimalnummer, also 21_{16}.

ASCII ist ein alter Standard mit nur wenigen Zeichen, obwohl er noch zur Darstellung von *URL*-Adressen hilfreich ist. Es gibt das Problem, dass einige Symbole bei Adressen nicht erlaubt sind oder mit einer anderen Bedeutung belegt werden. Wenn man diese Zeichen in ihrer ursprünglichen Bedeutung einsetzen würde, wäre das verwirrend für den Rechner. Die Lösung besteht nun darin, diese problembehafteten Zeichen als ASCII-Index zu umschreiben. Das nennt man *Escaping*.

Beispiel Statt zu schreiben „Das ist mein Kuchen!", schreibt man „Das%20ist%20mein%20Kuchen%21". Das Zeichen „%" zeigt dabei an, dass der Computer die sich anschließende Nummer als Hex-Zahl interpretieren und mit dem entsprechenden ASCII-Symbol ersetzen muss.

Unicode

Unicode ist eine modernere Kodierung, die wesentlich mehr Symbole beherbergt als ASCII, z. B. Zeichensätze verschiedener Sprachen sowie Emojis. Es existieren verschiedene Unterkategorien mit abweichenden Tabellen, zwei davon sind *UTF-8* und *UTF-16*. Für gewöhnlich gibt man auch hier das Zeichen als Hex-Nummer an. Man kann den Index statt 21_{16}[19] bei Unicode alternativ auch U+0021 schreiben.

---

[19] Das ist übrigens genauso wie bei ASCII das Ausrufezeichen.

HTML-Entities

Man findet *HTML-Entities* in *HTML-Code,* der zum Aufbau von Webseiten und E-Mail genutzt wird. Die Entities beginnen mit „&" und enden auf „;". Sie werden eingesetzt, wo Zeichen mit einer anderen Bedeutung im Zusammenhang mit HTML belegt sind oder wo man aus anderen Gründen auf bestimmte Zeichen in der regulären Darstellung verzichten muss, beispielsweise, weil die vorliegende Tastatur nicht alle Buchstaben bzw. deren Varianten direkt anbietet.

Beispiel Das ` ` ist ein Leerschritt, der einen Zeilenumbruch untersagt – ein sogenannter „non-breakable space". Wenn Sie zwei Wörter haben, die Sie nicht durch einen Zeilenumbruch voneinander trennen möchten, dann können Sie genau diese Entity zwischen beide Wörter setzen. Das ist z. B. bei einem Namen, wenn das erste Wort mit der Textzeile abschließt, der Fall. Dadurch bleiben beide Wörter zwangsläufig in der selben Zeile, komme, was wolle.

Komplexität

Sie sich sicher denken können, ist das Thema *Komplexität* sehr komplex. Ich möchte versuchen, es so einfach wie möglich zu erklären, obwohl es ein *mathematisches* Gebiet ist. Es ist sogar eines der schwierigsten Bereiche, wenn man *Informatik* studiert. Allerdings hilft es sehr dabei, Software-Entwicklung zu verstehen. Oder sollte ich vielmehr sagen, die Welt um einen herum zu verstehen?

Wenn wir über Komplexität sprächen, dann meinen wir stets die Komplexität von Problemen. Folglich müssen wir etwas als Problem ausdrücken, wenn wir den dazugehörigen Schwierigkeitsgrad betrachten wollen. Jede Aufgabe wird als zu lösendes Problem behandelt. „Ich möchte meine Reisetasche so packen, dass möglichst viel Freiraum entsteht." ist eines der eher komplexeren Probleme, wie Sie bestimmt wissen.

Dabei existieren verschiedene Arten von Problemen. Einige können immer gelöst werden, einige können manchmal gelöst werden und manche können gar nicht gelöst werden. In der Tat kann man alles, was einen Schwierigkeitsgrad besitzt, in diese drei Kategorien einordnen. Zwei Zahlen zu addieren ist etwas, was stets machbar ist. Etwas vollständig Gelöschtes wiederherzustellen kann hingegen niemals klappen. Doch was ist mit diesem ominösen „manchmal"?

Beispiel Wenn Ihr Computer sich aufhängt, wird er sich nach einiger Zeit wieder fangen? Erst wenn er wirklich weiter läuft, werden Sie die Antwort kennen. Doch wenn er hängen bleibt, werden Sie nie wissen, ob Sie nur noch nicht lange genug gewartet haben. Somit lautet die Antwort entweder „ja" oder „keine Ahnung".

Die zweite Möglichkeit, Probleme zu kategorisieren, ist die Unterscheidung in Komplexitätsklassen. Das sind Schubladen, die die Komplexität durch Zeit-, Speicher- oder Rechenbedarf bzw. durch die Menge notwendiger Ressourcen zum Lösen des Problems ausdrücken, meist beschrieben in Abhängigkeit vom Umfang der Dateneingabe.

Beispiel Zurück zu unserem Beispiel von weiter oben: Wenn Sie eine große Reisetasche und viele Gegenstände haben, ist es dann immer noch genauso schwierig oder einfach, eine optimale Ordnung zu finden, wie mit weniger Gegenständen? Ist es einfach nur mehr Arbeit oder ist die Schwierigkeitsstufe höher?

Zwei der am häufigsten betrachteten Komplexitätsklassen sind *P* und *NP*. Die komplexesten Probleme, die normale Menschen noch begreifen können nennt man *NP-vollständig*. Die *Wissenschaft* kann noch nicht sagen, ob P und NP nicht doch gleich schwer sind oder nicht, denn der Beweis gestaltet sich ironischerweise bisher als zu schwierig. Man geht momentan eher davon aus, dass NP komplexere Probleme einschließt als P. Ich möchte daran erinnern, dass ich wirklich nur soviel erkläre, wie Sie für Ihren Alltag benötigen, versprochen.

Beispiel P-Probleme können leichter gelöst werden. Intuitiv gesprochen verursachen größere Dateneingaben einfach mehr Arbeit, die aber insgesamt nicht schwieriger wird, nur mehr. „Eine E-Mail an alle Kunden schreiben" wäre ein solches Problem. Je mehr Kunden man hat, desto mehr E-Mail muss man schreiben. Doch das ist dennoch immer die gleiche Aufgabe und wird nicht herausfordernder, auch wenn die Anzahl größer wird.

Beispiel NP-Probleme werden schnell mit einer steigenden Anzahl an Dateneingaben schwieriger. Nehmen wir an, dass Sie Pärchen an Kunden bilden wollen, sodass sich je zwei Kunden gegenseitig unterstützen und Erfahrungen austauschen können. Aber Sie möchten natürlich, dass die beiden Kunden so gut wie möglich zusammenpassen. Bei vier Kunden können Sie das noch recht leicht ausknobeln. Mit 4000 Kunden hingegen haben Sie nicht einfach nur 1000 mal mehr Arbeit als bei vier Parteien. Vergessen Sie nicht, dass Sie nicht nur Kunde A jetzt mit 3999 anderen Kunden vergleichen müssen. Sie haben darüber hinaus die Aufgabe sicherzustellen, dass wenn Sie die Kunden A und B zusammenbringen, B nicht besser mit irgendeinem Kunden C gruppiert werden sollte. Und das alles mal 4000.

In anderen Worten: NP-Probleme bedeuten meistens, dass Sie alle möglichen Lösungen miteinander vergleichen müssen, um die beste Lösung zu ermitteln. Und das heißt, dass jede Lösung einmal durchgespielt und erfasst werden muss. In den meisten Fällen liegt es daran, dass Eingabedaten frei miteinander kombiniert oder verglichen werden können.

Was Sie als Nicht-Entwickler aus diesem Abschnitt mitnehmen sollten: Wenn Sie eine Aufgabe haben, bei der Sie eine optimale Kombination mehrerer Elemente – wie auch immer geartet – ermitteln müssen, dann wird Sie das eine Menge *Performanz* kosten, wegen der Mathematik dahinter.

Heuristik

Heuristiken sind eine Methode, schwierige Probleme, beispielsweise solche mit langer Berechnungsdauer, zu handhaben. Der Begriff könnte in etwa mit „Schnell, nicht ideal, aber oft ziemlich gut" umschrieben werden.

Beispiel Nehmen wir an, dass Sie hungrig sind und in ein Restaurant gehen. Nun ist es Ihnen aber bewusst, dass wenn Sie manchmal mit ein oder zwei Vorspeisen beginnen, Sie anschließend nur den halben Hauptgang schaffen, obwohl Sie Ihren Hunger vorher ganz anders eingeschätzt hatten. Natürlich möchten Sie weder Essen verschwenden noch unnötig viel Geld bezahlen.

Eine Herangehensweise wäre, die perfekte Kombination aus Speisen zu finden, sodass Sie am Ende Ihren Bauch exakt befriedigen. Erkennen Sie, wie wir hier wieder über Kombinationen sprechen? Womöglich bietet die Speisekarte jedoch gar keine Auswahl an Essen an, deren Gruppierung für Sie perfekt wäre.

Lassen Sie uns daher eine Heuristik hierfür entwickeln! Fangen Sie am besten mit einem Hauptgang an, weil das den größten Teil Ihres Hungers beseitigt und Sie sich sicher sein können, dass ein Hauptgang in jedem Fall in den Magen passt. Wenn Sie danach immer noch hungrig sind, dann fahren Sie mit der Speise fort, die für Sie als gerade nicht zu groß erscheint, und so weiter. Auf diese Weise werden Sie am Schluss immer die geringste Essens- und Geldverschwendung erzielen. Natürlich hätte es theoretisch sein können, dass eine völlig andere Kombination aus Speisen noch viel besser gepasst hätte, aber Ihre neue Heuristik macht den Auswahlprozess wesentlich einfacher und vorhersagbarer, denn Sie teilen die schwierige Einschätzung zu Beginn in viele einzelne kleine Entscheidungen auf. Das macht das Pokerspiel weniger riskant.

LaTeX

Latex ist ein Stoff, aus dem man robuste Kleidung für... nun, verschiedene Zwecke herstellen kann. Aber $\LaTeX$ [20] ist ein Software-System zum automatischen Erstellen von Text-Layouts. Es funktioniert ganz anders als die gängigen *WYSIWYG*-Editoren wie etwa *Microsoft Word* oder *LibreOffice*. Statt die finale Ansicht direkt am Bildschirm zu gestalten, beschreibt man in $\LaTeX$ einfach nur den Inhalt. Der Autor gibt den Text der Kapitel an, beschreibt Referenzen innerhalb des Werks, vermerkt Quellen aus der Literaturangabe und sagt, welche Bilder zu welcher Stelle gehören. Nach einem Knopfdruck macht das System daraus ein vergleichsweise schönes Buch, einen Brief oder ein Skript. Das clevere Positionieren von Grafiken, das angenehme Umbrechen von Absätzen und das vermeiden von einsamen Textschnipseln gehören dabei stets mit dazu. Selbstverständlich gibt es weiterhin die Möglichkeit für den Gestalter, eigene Einstellungen vorzunehmen, beispielsweise über Design-Vorlagen. Dort kann man Angaben zu Schriftarten und Schriftgrößen, Abständen und allen weiteren Feinheiten hinterlegen.

Der ganz große Nachteil an $\LaTeX$ ist natürlich, dass man lernen muss, seinen Text regelrecht zu programmieren statt einfach darauf loszuschreiben und alles direkt so anzuordnen, wie es einem gefällt. Und einige Menschen mögen es nicht, die Kontrolle über ihr Werk aus der Hand und an einen Computer zu geben.

Ein großer Vorteil von $\LaTeX$ ist hingegen, dass es unmittelbar *PDF*-Dateien aus der programmierten Beschreibung generieren kann. Etwas weiter gedacht ist damit das vollautomatische Erzeugen von Briefen, Rechnungen usw. durch einen Computer möglich. Ein Shop-System auf einem *Server* könnte damit eigenständig Rechnungs-E-Mails an Kunden verschicken.

---

[20] Ausgesprochen „la" wie in „la baguette" und „tex" wie in „Techno".

Kommentar
Der eigentliche Vorteil an LATEX ist selbstredend, dass Menschen, die einen schlechten Geschmack haben oder vor kreativen Aufgaben schreiend wegrennen, damit die Chance bekommen, ohne viel Mühe zu schönen Ergebnissen zu kommen.

Laufzeit

Wenn Ihr Programm explodiert, ist es Zeit wegzulaufen. Aber wenn es funktioniert, dann tut es das zur *Laufzeit*. Quellcode durchläuft verschiedene Phasen. Wenn man Software programmiert, dann handelt es sich um einfachen Code, Text. Einige *Programmiersprachen* erfordern ein *Compiling*-Schritt zur Erzeugung von dem, was der *Prozessor* verstehen kann. Und die Phase, in der das Programm gestartet wurde und läuft nennt man eben Laufzeit, auf Englisch *Runtime*.

Wenn Sie einen Satz hören wie „Das Problem zeigt sich nur zur Laufzeit." dann heißt das, dass es nicht ausreicht, nur in den blanken Code zu schauen. Man muss die Software starten, um den Fehler zu bemerken.

Es ist sehr wichtig, zu begreifen, dass sich ein und derselbe Code komplett unterschiedlich unter verschiedenen Bedingungen verhalten kann. Ein Beispiel ist das Anwachsen der Berechnungszeit unter verschiedenen Größen der Dateneingabe. Unterschiede beim Input können z. B. durch abweichende Nutzungsszenarien entstehen.

Beispiel Nehmen wir an, wir wollen berechnen, wie viel Lohn wir diesen Monat an unsere Mitarbeiter auszahlen. Dabei gibt es unterschiedliche Kategorien von Aufgaben, die wir jeweils anders vergüten (so wie etwa Außen- und Innendienst). Das heißt natürlich, dass wir alle Tage durchgehen müssen, dann prüfen, ob es sich um einen Arbeitstag handelt; für jeden Tag durch die Liste aller Angestellten gehen müssen; für jede Person schauen, welche Aufgaben sie getätigt hat; dann die Vergütung für diese Aufgabe abrufen und am Ende genau diesen Betrag zum Gesamtbetrag addieren.

```
22 Werktage * 5 Mitarbeiter * 2 Arten von Aufgaben
= 220 Vergleiche

22 Werktage * 10 Mitarbeiter * 2 Arten von Aufgaben
= 440 Vergleiche

22 Werktage * 10 Mitarbeiter * 8 Stunden
* 2 Arten von Aufgaben
= 3520 Vergleiche
```

Ein normaler Monat, zwei Arten von Aufgaben und fünf Mitarbeiter, die entweder die Tag- oder die Nachtschicht übernehmen, machen etwa 220 Berechnungsschritte (im schlimmsten Fall). Bei zehn Mitarbeitern bekämen wir entsprechend doppelt so viele Berechnungsschritte. Wenn wir jetzt zulassen, dass sich die Aufgabenart jede Stunde ändern darf (man also nicht für den gesamten Tag an eine Aufgabe gebunden ist), dann erhalten wir bei einem Arbeitstag von acht Stunden Länge 3520 Berechnungsschritte (im schlimmsten Fall).

Erkennen Sie wie sich die Rechenlast mit den jeweils kleinen Anpassungen verändert? Der erste Sprung von der ersten zur zweiten Berechnung war nur eine Änderung der Größe der Eingabe. Wir haben nicht einmal die Formel verändert. Trotzdem mussten wir plötzlich doppelt so viele Rechenschritte ausführen, hatten also die doppelte Ausführungszeit. Man sieht hieran gut, dass *Performanz*-Probleme durchaus auch mal ganz plötzlich zur Laufzeit auftauchen können, wenn z. B. Großunternehmen ihre riesigen Datensätze auf ein Produkt loslassen.

Noch extremer wird es beim zweiten Sprung im Beispiel. Dort haben wir zwar nicht die Größe der Eingabe verändert, jedoch einen Freiheitsgrad hinzugefügt. Das lässt sich in etwa damit vergleichen, dass man für Benutzer irgendwo eine etwas genauere Konfiguration erlaubt – also noch nicht einmal eine komplett neue Funktion, sondern das leichte erhöhen des Detailgrads. Überraschenderweise braucht die Berechnung hierfür plötzlich acht (!) mal so lange wie vorher. Nun, wenn die Auswertung bisher 200 Millisekunden bei kleinen Unternehmen gedauert hat, dauert sie

jetzt 1,6 s. Aber wenn die Auswertung bisher 2 s beim Großunternehmen dauerte, dann wartet der Benutzer jetzt geschlagene 16 s
auf das Ergebnis. Sie können sich sicher sein, dass das in einem
Fehlerbericht eines zahlungskräftigen Kunden münden wird.

Darum ist es sehr wichtig, auch zu prüfen, wie sich das Produkt
zur Laufzeit verhält. Gebildete Entwickler sind sich dieses Problems bewusst und berücksichtigen solche Fälle wenn sie ihren
Code schreiben. Es gibt durchaus Tricks, mit denen man die *Performanz* optimieren kann.

Die eigentlichen Berechnungsschritte im obigen Beispiel, die
Operationen, bestehen aus Vergleichen. Der Computer vergleicht
hier tatsächlich durchgeführte mit der Liste möglicher Aufgaben.
Je mehr wir vergleichen müssen, desto länger braucht das Programm. Allerdings schauten wir bisher immer auf den schlimmsten Fall, der ja bedeutet, dass wir jede Aufgabe stets mit beiden
Arten von Aufgaben vergleichen müssen. In Wirklichkeit ist es
aber so, dass manchmal die erste Art passt und manchmal die
zweite Art. Sobald wir einen Treffer beim Vergleich haben, müssen
wir natürlich für einen konkreten Eintrag nicht mehr weitersuchen.
Wir wissen schließlich bereits, welche der beiden Arten vorliegt
und können die Vergütung von dort übernehmen. Danach kann
man direkt mit dem nächsten Eintrag aus den Arbeitsstunden wei-
termachen. Genau hier liegt eine Möglichkeit für die Optimierung
der Performanz direkt vor unserer Nase. Falls beispielsweise die
Einträge für den Innendienst überwiegen (was gar nicht so unrea-
listisch ist), dann prüfen wir einfach zuerst, ob der Eintrag einem
Innendienst entspricht. Mit etwas Glück können wir uns also den
zweiten Vergleich sparen. Nehmen wir an, dass im Schnitt neun
von zehn Arbeitsstunden im Innendienst verrichtet wurden. Dann
bekämen wir in unserem Beispiel zwar immer noch 3520 Berechnungsschritte (genau dann, wenn wirklich alle ausnahmsweise im
Außendienst waren), statistisch lägen der tatsächliche Wert aber
wahrscheinlich bei etwa 1936 Schritten.

```
22 Arbeitstage * 8 Stunden
* (1 Mitarbeiter * prüfe 2 Arten von Aufgaben
+ 9 Mitarbeiter * prüfe 1 Art von Aufgaben)
= 1936 Vergleiche
```

Falls sogar solche Performanz-Tricks nicht mehr ausreichen, dass sollten Sie womöglich mehr auf das Vorhalten von Daten statt auf Performanz setzen. In diesem Beispiel könnten Sie etwa die Vergütung stets dann zur Gesamtsumme hinzufügen, wenn ein Mitarbeiter seine Stunden einträgt. Sie müssen dann den Betrag stets im Hintergrund gespeichert halten und ständig aktualisieren. Dadurch erscheint die Zahl jedoch direkt, wenn sie abgefragt wird.

Logik

Je mehr Sie sich mit dem Thema Informationsverarbeitung befassen, desto mehr begreifen Sie, wie alles zusammenhängt. *Mathematik*, *Physik* und viele weitere MINT-Bereiche entfalten untereinander eine Wirkung. Doch wussten Sie, dass es noch ein weiteres Feld gibt, das tief mit der *Informatik* verwurzelt ist? Ich meine die Philosophie! Und dabei geht es mir noch nicht einmal um den moralischen Aspekt der Programmierung und Nutzung von Maschinen. Woran ich denke, das ist die *Logik*.

Sicher sind viele Menschen fest davon überzeugt, zu wissen, was Logik ist und würden behaupten, dass sie selbst logisch handeln und entscheiden. Wenn man jedoch einmal strukturiert lernt, was sich hinter dem Begriff verbirgt, erkennt man schnell Unterschiede zwischen echter Logik und der alltäglichen Nutzung des Wortes. Allmählich wird sich einem die wahre *Komplexität* der Welt erschließen.

Das Fundament der Logik bilden Aussagen. Aussagen können entweder *wahr* (bzw. *true*) oder *falsch*[21] (bzw. *false*) sein, aber nichts anderes als das. Es gibt kein „vielleicht", weil das lediglich bedeuten würde, dass man keine Entscheidung über eine solche Aussage treffen kann. Der Wert wäre undefiniert; man könnte nichts damit anfangen.

---

[21] „unwahr" wäre ein weitaus besserer Ausdruck, jedoch möchte ich der Einfachheit halber nicht zu sehr vom englischen „false" abweichen.

Beispiel „Das vorliegende Buch ist in chinesischer Sprache verfasst" wäre eine falsche Aussage. „Dieses Buch handelt von Informatik" ist hingegen eine wahre Aussage. In einem Quellcode bestehen viele Aufgaben darin, Aussagen wie „Der Nutzer ist einge-
loggt." und „Das neu erstellte Projekt ist startbereit." auszuwerten.

Häufig zieht man aus einer Gruppe kombinierter Aussagen neue
Schlüsse, die wiederum „wahr" oder „falsch" sein können. Man
verknüpft Aussagen mit sogenannten logischen *Operatoren* wie
und (and), oder (or) sowie *nicht (not)*. Mit diesen Operatoren lassen sich Aussagen zu größeren Konstrukten mit umfassenderer
Mächtigkeit zusammenführen.

Beispiel Aus „Es hat gerade aufgehört zu regnen." UND „Die
Sonne scheint." folgt „Es ist draußen diesig.". Wenn also die ersten
beiden Aussagen wahr sind, dann bedeutet das, dass auch die dritte
Aussage wahr ist. Theoretisch kann man es auch in einem Satz
formulieren: „Wenn es gerade aufgehört hat zu regnen und die
Sonne scheint, dann ist es draußen diesig.".

Eine wichtige Anmerkung an dieser Stelle: Sie kennen die Wörter
der obigen Operatoren bereits aus Ihrem Alltag. Aber Sie müssen
aufpassen, denn ihre Bedeutung ist ein wenig anders als Sie möglicherweise denken. „und" bedeutet hier, dass die Aussagen auf
beiden Seiten des Operators wahr sein müssen, nicht nur eine der
beiden.

Beispiel „In die Veranstaltung kommt man mit einer persönlichen
Einladung und natürlich mit einer Eintrittskarte." würde von einem
Computer (und einem Informatiker) so verstanden werden, dass
man sowohl die Einladung als auch die Eintrittskarte bräuchte.
Nur eines davon würde nicht ausreichen.

Das Wörtchen „oder" ist für viele auch etwas verwirrend, denn es
bedeutet „entweder das eine, das andere oder beides". Falls Sie
jedoch „entweder-oder" meinen, dann müssen Sie den *xor*, das
exclusive or bzw. *Exklusive Oder* verwenden.

Beispiel Wenn man liest „Gewinnen Sie 1 Mio. oder einen von vielen attraktiven Preisen!", dann könnte man auf die Idee kommen, dass man nur das Geld oder einen Preis gewinnen kann. Das „oder" aber würde in der Software-Entwicklung so gelesen werden, dass beides möglich ist. Es entspricht also eher dem „oder" in folgendem Satz: „Für diesen Beruf müssen Sie flüssig Englisch oder Französisch sprechen.". Hier wäre die Beherrschung beider Sprachen kein Problem.

Leider verhält es sich mit dem „nicht" nicht minder verwirrend. Mit diesem Operator wird das Gegenteil der Aussage ausgedrückt, vor dem das „nicht" steht. Doch was ist das Gegenteil einer Aussage?

Beispiel Nehmen wir an, Sie werfen eine Münze und sagen Kopf an. Was wäre das Gegenteil davon? Wenn Sie jetzt „Zahl" sagen, liegen Sie falsch! Das Gegenteil von „Kopf" lautet „nicht Kopf", so seltsam das klingt. Stellen Sie sich das mehr wie eine Menge aller denkbaren Ergebnisse des Münzwurfs vor. Dabei ist „Kopf" nur eine von vielen möglichen Ausgängen. Das Gegenteil davon schließt alle Möglichkeiten, außer eben Kopf, mit ein. Also z. B. auch das Landen auf der Kante, das Verschwinden der Münze in einer Ritze oder dass der Haushund die Münze verspeist bevor jemand sieht wie die Münze gefallen ist.

Jedes Mal, wenn Sie die Beschreibung einer noch umzusetzenden Funktionalität des Produkts aufschreiben, wird ein Entwickler versuchen, diesen Text in eine logische Struktur zu übertragen, denn nur damit kann ein Computer etwas anfangen. Das könnte zum Beispiel so aussehen:

```
if (hatEinladung || hatEintrittskarte)
    einlassGewaehren();
```

Kommentar
In den Denkstrukturen, die durch das Erlernen von Logik
entstehen, liegt eine der Hauptursachen für Missverständnisse zwischen Programmierern und anderen Menschen. Es
ist zwar eine der Aufgaben eines Informatikers, aus dem,
was Sie sagen, herauszufinden, was Sie meinen. Aber das ist
bei manchen Personen nicht so leicht, vor allem wenn man
mit Anweisungen wie „Es soll NORMAL funktionieren!!!"
konfrontiert wird. Die Welt eines Computers bietet keine
Toleranz, keine Spielräume zur Interpretation. Alles muss
absolut exakt formuliert sein. Vage Verhaltensbeschreibun-
gen bergen darum ein hohes Fehlerpotential, denn ein Rechner liest nicht zwischen den Zeilen und ein Entwickler muss
im Zweifelsfall nachfragen oder raten.

Machine Learning

Machine Learning ist eines der brandheißen Themen des einund-
zwanzigsten Jahrhunderts. Viele wollen es – schon aus Prinzip –
irgendwie einsetzen. Vielen wissen aber nichts darüber. Klar, man
könnte ganze Regalböden nur mit Werken über dieses Gebiet füllen. Darum möchte ich mich nur auf das Wesentliche beschränken.

Analogie Um das Grundprinzip zu verstehen, werfen wir einen
Blick in die Küche, denn wir wollen ein neues Rezept für Gulasch
entwickeln. Natürlich ändern wir das Rezept nicht komplett. Aber
zumindest wollen wir die Gewürzmischung anpassen, sodass die
Speise am Ende möglichst gut schmeckt. Zum Glück haben wir
ein großes Gewürzregal. Zu Beginn verwenden wir einen Teelöf-
fel eines Gewürzes. Anschließend muss unsere Familie als Test-
gruppe sagen, wie gut es schmeckt. Das kann beispielsweise über
ein Punktesystem ablaufen.

Nun fügen wir zu unserem Grundrezept immer wieder neue
Gewürze hinzu und nehmen andere dafür weg oder ändern die
Menge. Wichtig ist, dass wir bei jedem Durchlauf immer nur eine

einzige Änderung machen. Unsere (inzwischen etwas überfressene) Familie sagt uns, ob es besser oder schlechter geworden ist. Wenn eine Änderung das Gesamtergebnis optimieren konnte, behalten wir sie bei, ansonsten nehmen wir sie wieder zurück. Mit der Methode können wir uns nun Schritt für Schritt dem Optimum annähern. Wir lernen wie man exzellentes Gulasch kocht. Wenn wir nur geduldig genug sind, werden wir zwangsläufig zu einem Punkt kommen, wo auch der beste Koch der Welt keine bessere Gewürzmischung bieten würde.

Vielleicht haben Sie einige Eigenschaften dieses Ansatzes bemerkt. Wir haben eine Eingabe (Gewürze), die wir auf unseren Algorithmus (Rezept) anwenden. Und wir wenden eine Trainingsmethode an (Rückmeldung der Familie). Machine Learning macht nichts anderes als das. Sie müssen nur Eingaben festlegen und eine automatisierte Trainingsumgebung aufsetzen, so dass die Maschine anfangen kann, selber ständig kleine Änderungen zu machen und die Rückmeldung auszuwerten. Sobald der damit erzeugte Algorithmus gut genug ist, können Sie ihn für Ihre Zwecke benutzen.

Beispiel Wir möchten einen auf Machine Learning basierenden Bildgenerator herstellen. Die Eingabe könnte ein großer Katalog an Bildern sein, dazu die Phrase eines Nutzers. Am Schluss erzeugt das System mehrere Bilder. Das Ergebnis, das vom Verwender als erstes angeklickt wird, wird vom Machine Learning als das erfolgreichste Bild interpretiert, was die Rückmeldung für den Computer darstellt. Während man also bereits das Machine Learning in einem beliebig starken Zustand verwendet, kann es weiterhin lernen und immer besser werden. Das ist erstaunlich, manche würden auch sagen: gruselig.

Methoden und Funktionen

Leider kommt es oft vor, dass Programmierer ganz in ihrer Welt versinken und aufgrund ihres Duktus schwer zu verstehen sind.

Manchmal erzählen sie Ihnen in einem Meeting von Problemen in einer häufig genutzten *Methode* oder über redundante *Funktionen*. Wenn Sie mit diesen Begriffen nichts anfangen können, würden Sie vermutlich einfach in der Hoffnung lächeln und nicken, dass das Gespräch schnell wieder in geregelte Bahnen gerät. Ich hoffe, dass Sie nach diesem Abschnitt aber verstehen, was der Entwickler meint, lächeln, nicken und dann erst hoffen, dass das Gespräch zu einem anderen Thema kommt.

Wie ich an vielen Stellen in diesem Buch schon erläutert habe, ist Quellcode einfach eine Verhaltensbeschreibung in Form einer Liste an Befehlen: „Mach zuerst dies, dann das und schließlich das dort.„Wenn der Code wirklich eine solche endlose Sammlung von Code-Zeilen wäre, würden Entwickler wohl alle verrückt werden. Aber glücklicherweise gibt es die Möglichkeit, Befehle so zu gruppieren, dass sie zusammengenommen eine größere Aufgabe repräsentieren. Die Repräsentanten dieser Befehlsgruppe bezeichnet man als Methoden und Funktionen.

Um genau zu sein, würde der Programmierer eher den umgekehrten Weg gehen und eine große Aufgabe, die die Software durchführen soll, sukzessive in kleinere Unteraufgabe aufteilen. Diese werden dann weiter aufgeteilt usw., bis man zu der Ebene gelangt, auf der die Befehle, die die *Programmiersprache* anbietet, gelangt, um die gewünschten Aufgaben zu erfüllen. Eine Analogie kann hier vielleicht noch mehr Klarheit schaffen:

Analogie Nehmen wir an, dass Sie das Geld, das Sie unter Ihrem Kopfkissen verstecken, zur Bank bringen möchten. Das bedeutet, Sie legen eine Methode namens `zahleKopfkissenGeldEin` an. Bei genauerem Blick besteht diese Aufgabe aber aus einzelnen Schritten. Sie müssen zunächst zur Bank gehen, dann die Einzahlung vornehmen und wieder nach Hause gehen. Darum legen Sie nun innerhalb von `zahleKopfkissenGeldEin` weitere Methoden an, nämlich `holeGeldAusKopfkissen`, `geheZurBank`, `zahleGeldEin` und `geheNachHause`. Diese Aufgaben können wiederum in kleinere Aufgaben aufgeteilt werden. Zum Beispiel kann `geheZurBank` aus den Schritten `machDichAusgehfertig`, `navigiereZumZiel` und `bewegeDichZumZiel` bestehen'. Wir teilen die Aufgaben immer weiter auf bis wir zu der Ebene gelangt sind, wo die Programmiersprache uns die gewünschten Methoden bereits anbietet.

Das alles bedeutet, dass ein Entwickler jede Verhaltensbeschreibung des Produkts genau verstehen und immer wieder in Aufgaben, Unteraufgaben und Unter-Unteraufgaben zerteilen können muss. Wenn Sie die Arbeit an der Software also unterstützen und beschleunigen möchten, dann rate ich Ihnen, Ihre Beschreibungen dessen, was das Programm tun soll, am besten hierarchisch und gruppiert zu verfassen.

Doch was ist nun der Unterschied zwischen Methoden und Funktionen? Methoden sind Gruppierungen von Aufgaben, die keinen Ergebniswert zurück liefern. Beispielsweise ist `zahleKopfkissenGeldEin` in der Analogie oben eine Liste an Tätigkeiten, aber am Schluss sind die Hände leer. Jedoch ist `kaufEinenPfirsich` eine Funktion, weil man einen Pfirsich zurückbekommt. Oft muss ein Entwickler auch spezifizieren, was genau eine Funktion zurück gibt, also hieße es eher `kaufEinenPfirsich: Pfirsich`.

Parameter und *Argumente* sind die Dinge, die man der Methode oder Funktion zur Verwendung überreicht. In der Beschreibung der Methode oder Funktion heißt der Platzhalter Parameter und der konkrete Wert, den man im laufenden Prozess übergibt und der den Platz einnimmt das Argument. Einfach gesagt: Der Parameter ist die Lücke und das Argument füllt die Lücke aus. Um bei den Analogien oben zu bleiben, beim Kauf des Pfirsichs müssen wir Geld hinein geben, also bekämen wir die Funktion `kaufEinenPfirsich(geld): Pfirsich`.

Pair Programming

Obwohl manche Arbeitsstätten noch ihr „Einsamer-Wolf-Ding" durchziehen, gehen bereits viele Unternehmen im IT-Sektor voran und setzen zunehmend modernere Herangehensweisen um. Eine dieser Methoden heißt *Pair Programming*. Das beschreibt, dass zwei Programmierer sich zusammenschließen, um gemeinsam an

einem Computer zu entwickeln und zusammen an einer Aufgabe
zu arbeiten.

Dabei gibt es vor allem zwei Arten des Pair Programmings.
Einmal kann einer der Entwickler (meist der erfahrenere) daneben
sitzen und den Code an einen anderen Entwickler (meist der unerfahrenere) diktieren. Der zweite führt die notwendigen Änderungen am Quelltext durch und stellt immer wieder Nachfragen darüber, was genau passieren soll und ob bestimmte andere Lösungen
nicht vielleicht besser wären. Damit wird auch der Vorteil dieser
Herangehensweise klar. Der unerfahrenere Entwickler muss wirklich verstehen, was gerade geschieht, um den Code schreiben zu
können und lernt dadurch in sehr kurzer Zeit sehr viel über Programmierung im Allgemeinen, quasi mit persönlicher Betreuung.
Der Mentor hingegen wird durch den anderen Entwickler immer
wieder hinterfragt und seine Lösungen auf Schwachstellen abge-
klopft. Das ermöglicht das detaillierte Untersuchen und Bewerten
der Arbeitsschritte.

Die zweite Methode funktioniert am besten mit Entwicklern,
die auf dem gleichen Niveau sind. Einer der beiden schreibt den
Code, während die zweite Person alle wichtigen Informationen
zur aktuellen Aufgabe verwaltet, Kontakt zu Personen mit rele-
vantem Wissen oder Meinungen hält und stets ein Auge auf das
Gesamtergebnis hat. Das schirmt den Hauptentwickler von unnöti-
ger Ablenkung ab, damit die Code-Qualität hoch gehalten werden
kann. Trotzdem ist es dadurch möglich, dass sämtliche Informationen gebündelt werden, sodass der Fokus auf die Aufgabe an sich
nicht verloren geht. Zusätzlich kann sich die zweite Person auf die
Anforderungen konzentrieren und sogar zwischen Interessenver-
tretern vermitteln.

Egal welchen Weg man geht, beide Varianten haben den großen
Vorteil, dass die Verantwortung auf zwei Personen aufgeteilt wird.
Zwar steigt die Bearbeitungszeit, weil mehr Entscheidungen hinterfragt werden und zwangsläufig Diskussionen entstehen, aber
genau das hilft letztlich dabei, Missverständnisse zu vermeiden
und potentielle Fehler im Code und in der Funktionalität der Software aufzuspüren. Als Kirsche auf der Sahne unterstützt Pair Programming auch den Wissensaustausch zu Technologien und dem

Verhalten des Produkts unter den Entwicklern, was Wissensinseln auflöst und den *Bus-Faktor* optimiert.

Eine Variante des Pair Programmings nennt sich *Mob Programming*. Wie man leicht erraten kann, geht es hier darum, dass mehr als zwei Entwickler zusammen programmieren. Das ist insbesondere dann interessant, wenn man Wissen über Theorie und Praxis zu neuen Technologien (also Tutorien) teilen möchte oder wenn es darum geht, die Resultate mehrerer Coding-Teams zu einem einheitlichen Gesamtergebnis zusammenzuführen. Das ist der perfekte Einsatzzweck für den Beamer, den sich Ihr Unternehmen irgendwann einmal angeschafft hat und der seitdem etwas gelangweilt auf seinen Einsatz wartet.

Kommentar

In jedem Unternehmen setzen sich ab und zu mal Entwickler zusammen vor einen Bildschirm, besonders wenn jemand ein schwieriges Problem hat. Doch das kann man nicht als echtes Pair Programming bezeichnen, weil weiterhin nur eine Person der Aufgabe zugewiesen ist und der Hauptentwickler nachdem die Hürde überwunden wurde, wieder ganz alleine weitermacht. Beim richtigen Pair Programming sitzen ausnahmslos immer zwei Programmierer an der Arbeit.

Es ist nicht so leicht, Pair Programming in einem Team einzuführen. Sehr viele Entwickler sind es gewohnt, die Freiheit zu haben, ihre eigenen Entscheidungen zu treffen und sich in ihrem Fachbereich nicht gegenüber anderen umfassend rechtfertigen zu müssen. Aber früher oder später werden selbst die Gewohnheitstiere einsehen, dass es zu einem professionellen Handeln dazugehört, dass man sich selber in jedem Schritt hinterfragt und dass man Fehler auch nicht zwingend zur Verurteilung eines Kollegen nutzen, sondern als Lernprozess sehen kann. Außerdem macht es Spaß, das alltägliche Leid mit jemandem teilen zu können. Motivieren Sie also Ihre Entwickler zum Pair Programming!

Performanz gegen Persistenz

Falls Sie die Wahl zwischen zwei absolut gleichen Übeln haben, dann fällt die Entscheidung stets auf das schlimmere von beiden. Das hier ist die Geschichte vom Kampf zwischen der *Performanz* (Effizienz und Effektivität) und der *Persistenz* (Speichern von Daten).

Analogie Es ist wie das Putzen eines Hauses: Sie könnten entweder ganz lange nicht sauber machen und sich dann hin und wieder ordentlich darum kümmern oder sie putzen jeden Tag hier und dort ein wenig, sodass das Haus stets einigermaßen in Ordnung ist. Oder Sie machen gar nicht sauber und sagen, dass Insekten auch ein ganz normaler Teil der Natur seien.

Man hat bei der Ausgestaltung einer Funktionalität sehr oft die Wahl zwischen der Verbesserung der Performanz – eine Beschleunigung der Verarbeitung – und der Reduzierung des Speicherverbrauchs. Beides gleichzeitig ist dann jedoch nicht möglich, denn egal wofür Sie sich entscheiden: das eine schließt das jeweils andere aus, weil der Gesamtaufwand bzw. die *Komplexität* an sich nicht verringert werden kann.

Beispiel Ein Beispiel legt das Problem gut dar. Nehmen wir an, dass wir eine Liste an Daten in der *GUI* alphabetisch sortiert anzeigen möchten. Das Sortieren von einigen tausend Einträgen kann auch für leistungsstarke Rechner überraschend lange dauern. In der *Datenbank* sind die Element standardmäßig nicht sortiert. Also müssen Sie sich zwischen zwei möglichen Strategien entscheiden:
   Die erste wäre eine Holzhammermethode; nicht sehr schön, aber einfach. Sie sortieren die Einträge jedes Mal, wenn Sie die Anzeige der Liste aufrufen. Das hat den Vorteil, dass Sie keinen aufwendigen Mechanismus umsetzen müssen. Dazu wird der *Hauptspeicher* nur solange mit dem Listeninhalt belegt wie sie angezeigt wird. Der Nachteil liegt darin, dass das Sortieren einige Zeit in Anspruch nimmt und der Nutzer daher ein paar Sekunden auf die Anzeige warten muss. Das könnte ziemlich nervig sein.

Die zweite Strategie ist ausgefuchster. Beim Start des Programms sortieren Sie die Liste genau einmal. Diese nun geordnete Liste halten Sie während der gesamten Nutzungszeit der Software im Speicher. Wenn Elemente entfernt werden oder hinzukommen, dann aktualisieren Sie die sortierte Liste im Hintergrund auf korrekte Weise, sodass die alphabetische Ordnung erhalten bleibt. Dadurch können Sie beim Laden der Anzeigt sofort, ohne Verzögerung, die Daten darstellen. Aber für sehr große Listen oder sehr vielen solcher Implementierungen kann es passieren, dass bald Ihr Speicher knapp wird.

Das war lediglich ein mögliches Beispiel. Weitere sind etwa

- langsame Datenanfragen über das *Netzwerk* gegen das Vorhalten der Daten aus vorherigen Anfragen,
- das Halten der letzten betrachteten Projekte im Speicher gegen das vollständige Neuladen der Projektdaten bei jeder Betrachtung,
- das Berechnen von Werten gegen das Speichern von Look-Up-*Tabellen* für jede mögliche Berechnung sowie
- das komplette Aufschlüsseln von Daten gegen gekoppelte, dafür etwas redundante Einträge in der Datenbank.

Wie Sie sehen, kann fast jedes Verhalten in die eine oder andere Richtung optimiert werden. Das Beispiel ganz oben ist eines aus dem echten Leben. Ein Kunde beschwerte sich einmal über die Ladezeiten einer Seite und die Analyse des Codes ergab, dass das Sortieren von Bezeichnungen schuld am Problem war. Die Speicher-schonende Variante wurde durch eine *performante* Version ersetzt, sodass das Sortieren nur beim Starten des Programms durchgeführt wurde und die Liste wurde im Hintergrund im Speicher gehalten. Allerdings beschwerte sich der Kunde dann über das langsame Hochfahren der Software. Nun.

Tatsächlich – wenn man genau darüber nachdenkt – verhält es sich so, dass beide Lösungsansätze nicht großartig mit einer steigenden Datenmenge mitskalieren. Der performanzsparende Weg würde immer mehr Speicher benötigen und die speichersparende Methode würde immer mehr Bearbeitungszeit brauchen. Was kann man da tun? Werfen wir doch einmal einen Blick auf typische Business-Programme. Sehr viel Software in Unternehmen bieten die Möglichkeit an, alte bzw. abgeschlossene Projekte und Daten (manchmal sogar automatisch) zu archivieren. Glauben Sie mir, der Grund dafür ist garantiert, dass das Entwickler-Team irgendwann an einem Punkt war, wo weder Performanz noch Persistenz akzeptabel waren. Das Aufräumen und Deaktivieren von Elementen ist bei Weitem der beste Weg, um den Aufwand merklich zu reduzieren. *Nebenläufigkeit* über *Mehrkern-Prozessoren* und der Einbau von noch mehr Speicherplatz sind wirklich nur Hilfslösungen ohne jegliche Nachhaltigkeit, denn der nächste Datensatz ist schon unterwegs.

Kommentar

Dieser Abschnitt ist mir persönlich sehr wichtig. Bei der Gestaltung eines Programms ist es überaus essentiell zu verstehen, dass jede Funktionalität mit einem gewissen Preis für die Ausführung verbunden ist. Manchmal ist es schwer zu erkennen, wie aufwändig etwas ist. Eine Zahlung durchzuführen könnte eine schnelle und simple Aufgabe im Programm sein. Das Sortieren einer Namensliste hingegen benötigt minutenlange Berechnungen.

Holen Sie sich Rat bei Ihren Entwicklern, die Erfahrung mit dieser Art von Problemen haben, und bedenken Sie beim Entwerfen des Produkts stets die Art und den Umfang der Datensätze.

Programmieren nach Vertrag

Ja, ich kann Sie bereits rufen hören „Selbstverständlich hat jeder Entwickler bei uns einen ordentlichen Arbeitsvertrag! Was soll den dieses Thema?". Das Lustige ist aber, dass es bei der *Programmierung nach Vertrag* um etwas ganz, ganz anderes geht. Es wird eine kleine Geschichte über magische Strategien, Mächte der Zusammenarbeit und über die Stärke von Verlässlichkeit.

Beispiel Werfen wir doch einmal einen Blick auf Ihre Wohnzimmermöbel. Sie besitzen wahrscheinlich einen Fernseher und einen *DVD*-Player oder eine Spielekonsole, dazu eventuell ein paar Lautsprecher. Falls nicht wird dieses Buch immerhin Ihre finanzielle Lage verbessern, sodass Sie sich die Ausstattung bald leisten können werden. Heutzutage verbindet man solche Geräte überwiegend mit Kabeln, die den *HDMI*-Standard erfüllen. Und der Strom wird über standardisierte Stecker an TV und Konsole geliefert. Und der DVD-Player spielt DVDs ab, weil diese den jeweiligen Standard umsetzen. Alle diese Vereinheitlichungen bilden *Schnittstellen*. So muss der Hersteller der Konsole nicht haargenau wissen, welchen Fernseher Sie zu Hause stehen haben und wie das Gerät funktioniert. Beide Unternehmen sind einfach in die Nutzung von HDMI *(High Definition Multimedia Interface)* eingestiegen. Die Verpflichtung, diesen Standard korrekt umzusetzen, kann man auch als Vertrag ansehen.

Es existieren natürlich auch sehr viele Schnittstellen bzw. *Interfaces* in der Software-Entwicklung. *REST-APIs* sind solchen Standards unterworfen; das „I" in „API" steht ja eben für Interface. Allerdings gibt es auch die Möglichkeit, selber Schnittstellen im Code festzulegen. Mit Hilfe von Interfaces kann man den beinahe magischen Zustand des Produkts erreichen, in welchem zukünftiger Code, neue Funktionen und innere Änderungen weiterhin mit allen anderen Teilen des Codes kompatibel sind. Wenn sich zwei Teams auf ein einheitliches Interface verständigen, kann man sie beide sogar parallel an der selben Aufgabe arbeiten lassen, quasi von zwei Seiten her. Nennen Sie mich ruhig pathetisch, aber ich bin davon überzeugt, dass Schnittstellen die Schwellen sind, auf denen die Schienen für unseren Zug des Erfolgs liegen.

Da Interfaces sozusagen Definitionen von Verbindungen sind und die Nutzung des Dahinterliegenden festlegen, gibt es ein weiteres Einsatzgebiet für sie. Ein zentraler Teil des Produkts könnte eine Schnittstelle anbieten, mit der man neue Bereiche des Produktes einfügen kann. In anderen Worten: *Plugins*. Ein Plugin ist nichts anderes als ein Unterprogramm, das das Interface der höherliegenden Software implementiert. Das bedeutet, der höher gestellte und zentrale Code hat die Kontrolle darüber, wie die Interaktion auszusehen hat und der in der Hierarchie tiefer liegende Code ist davon abhängig.

Wie Sie sehen können, sind Schnittstellen Vereinbarungen darüber, was möglich und notwendig ist. Sie geben jedoch nicht an, wie etwas exakt innerlich umgesetzt werden muss. Schnittstellen können Teile Ihres Prozesses mit sauberen und wohldefinierten Trennungen entkoppeln. Die Zuverlässigkeit, die durch die Garantie der Erfüllung eines Interfaces entsteht, kann die Nahtstelle innerhalb Ihres Produkts so stabilisieren, dass die Koordination zweier Teams wesentlich leichter fällt.

Kommentar

Machen Sie bitte nicht den Fehler, zu denken, dass dieser Abschnitt sich ausschließlich um Programmierung drehte! Schnittstellen bringen große Vorteile in vielen Bereichen des Lebens mit sich. Sie können die Kommunikation mit Kunden standardisieren und die Struktur von Informationen, die zwischen Abteilungen bewegt werden, vereinheitlichen. Sie können sogar Schnittstellen für Business-Metriken festlegen. Standards garantieren, dass Sie keine Information vergessen, dass Ihre Kommunikation stets korrekt ausgewertet wird und dass zwei Seiten voneinander in der Verbindung abhängig, in der Umsetzung aber unabhängig voneinander werden. Genießen Sie die Wunder der Schnittstellen!

Programmiersprache

Es gibt wirklich viel zu sagen über *Programmiersprachen*. Bevor wir einen Blick darauf werfen, wie sich die Programmierung in den letzten Dekaden entwickelt hat, möchten wir über den allgemeinen Nutzen oder vielmehr die Notwendigkeit von Programmiersprachen nachdenken. Wie zuvor in anderen Abschnitten bereits erwähnt, ist Code nichts anderes als eine simple Verhaltensbeschreibung. Und Programmierer werden immer auch Kodierer bleiben, weil sich an der Notwendigkeit der Übersetzung von menschlicher Sprache in durch Maschinen verstandene Sprache nichts ändern wird. Menschen sind keine Computer und wir sagen nicht immer das, was wir meinen und wir erwähnen nicht immer alles, was wir als selbstverständlich betrachten. Nicht einmal die Verständigung zwischen zwei Personen klappt in allen Fällen reibungslos. Warum sollte es zwischen Mensch und Maschine dann besser sein? Deshalb wird man den Entwickler nie ganz aus der Rechnung streichen können. Es tut mir leid, wenn ich damit Ihre Träume zerstöre.

Wenn Sie sagen

> Sobald der Kunde auf den Button „Drucken" klickt, soll die angezeigte Rechnung ausgedruckt werden.

dann denken Sie womöglich, dass es sich um eine ausreichend genaue Beschreibung der Funktionalität handelt. Der erfahrene Entwickler jedoch weiß dagegen, dass Sie eigentlich meinen

> Falls die angezeigte Rechnung fertiggestellt und abgeschlossen ist und ein Nutzer einmal oder mehrmals auf den Button „Drucken" klickt und der Computer Verbindung zu einem Drucker hat, dann soll die Rechnung im A4-Format mit der üblichen Rechnungsvorlage auf diesem Drucker genau einmal ausgedruckt werden. Wenn die Aktion erfolgreich war, soll in der *GUI* eine Erfolgsmeldung erscheinen. Wenn es irgendein technisches Problem gab, soll eine genaue Fehlerbeschreibung in die *Logger*-Datei gespeichert und eine Fehlermeldung in der GUI angezeigt werden. Der Nutzer soll dort aufgefordert werden, den Zustand des Druckers und die Verbindung zum Gerät zu überprüfen und den Vorgang zu wiederholen. Der Button soll immer dann aktiv und vorhanden sein, wenn eine finale Rechnung angezeigt wird. Die Beschriftung des Buttons soll genauso übersetzt werden können wie alle anderen angezeigten Bezeichnungen im Programm.

Es ist wahrlich der Job eines Entwicklers, Ihre gesagte in die gemeinte Definition zu übersetzen. Eine gute Programmiersprache kann diese Aufgabe erleichtern, aber niemals vermeiden.

Was ist eine Programmiersprache?

Eine Programmiersprache ist im Grunde nichts anderes als ein dickes Buch an erlaubten Befehlen und Strukturvorgaben, die sagen, wie man die Befehle und Dateneingaben platzieren soll. Das bedeutet, dass man wie bei menschlichen Sprachen auch Vokabeln und Grammatik lernen muss.

„Mein Name ist Peter." könnte eine Kommandozeile sein. Dabei ist „mein Name" eine Variable, ein Platzhalter für Daten. „Peter" ist ein Datenwert und damit nicht Teil der Sprache, denn dieser Wert wäre in jeder Sprache gleich. Und schließlich ist „ist" ein Zuweisungsbefehl. Als echter Code würde das so aussehen:

```
var name = "Peter"
```

Zusätzlich zu solchen Konstrukten bieten Programmiersprachen auch Abkürzungen für häufig benötigten Code. Beispielsweise berechnet

```
Math.pow(x, y)
```

den Wert x^y für die Zahlenwerte, die in den Variablen x und y abgespeichert sind. Der komplette Satz an verfügbaren Funktionen bezeichnet man als das *Framework* der Sprache.

Einige dieser Sprachen werden von Entwickler-Communitys festgelegt, die leicht hierarchisch organisiert sind, und andere stammen von IT-Unternehmen. Sie liefern die Software, die der Computer zum verstehen des Codes benötigt, gleich mit. Ein paar dieser Hilfsprogramme nennt man *Compiler, Interpreter* und *Runtime Environment (Laufzeitumgebung)*. Jeder, der damit erstellte Produkte verwenden möchte, benötigt eine *Installation* dieser Software. Ansonsten würden die Programme einfach nicht starten. Falls Sie sich jemals gefragt haben, was *.NET* oder *Java* bei der Installation eines neuen Programms auf Ihrem Rechner zu suchen haben: Das ist der Grund.

Bytecode

Die allereinfachste denkbare Programmiersprache ist der *Byte-code*. Es sind reine Daten, die direkt vom *Prozessor* gefressen werden können. Man kann sie kaum als Menschen-lesbar bezeichnen.

```
0010 0111 0101 0000 1001 0000
```

Das Obige könne eine einfache Kommandozeile Ihres Programms sein. Aber wer weiß schon, das es genau bedeutet? Wahrscheinlich nur der Prozessor.

Assembler

Weil Bytecode überhaupt keinen Spaß macht, haben Leute irgendwann den Abstraktionsgrad gesteigert. So bekommt man zumindest die Chance zu verstehen, was in der Zeile überhaupt passiert.

```
ADD R3 R1 R5
```

Das könnte z. B. die sogenannte *Assembler*-Version des vorigen Bytecodes sein. Die Bedeutung wäre in etwa „Füge das, was im Register 3 gespeichert ist, zu dem hinzu, was in Register 1 gespeichert ist und speichere das Ergebnis in Register 5". Ein Prozessor kann Dutzende solcher Befehle verstehen. Alles, was Ihr Computer macht, wird an einem Punkt in solche absolut simplen Kommandos übersetzt. Die Menge aller erlaubten Befehle nennt man *Befehlssatz (Instruction Set)*.

Noch in den achtziger und neunziger Jahren wurde der Code für fast jeden *Mikroprozessor* direkt in Assembler programmiert. Der Assembler-Code wurde anschließend in Bytecode übersetzt und auf einem separaten Chip gespeichert und beim Betrieb der Maschine Zeile für Zeile in den Prozessor gefüttert.

Höhere Programmiersprachen

Und weil Assembler immer noch ziemlich kompliziert ist, haben
Leute damit begonnen, *höhere Programmiersprachen* bzw. Pro-
grammiersprachen höherer Ordnung zu konzipieren, z. B. *C* und
Fortran. Diese Art von Sprache sieht dann ungefähr so aus:

```
var alter := 14;
var kerzen := 0;
FOR index := 0 TO alter LOOP
    kerzen := kerzen + index;
END LOOP;
PRINT("Peter blieβ insgesamt ");
PRINT(kerzen);
PRINT(" Kerzen auf allen seinen");
PRINT(" Geburtstagen zusammen");
PRINT(" aus.");
```

Sie sehen schon, dass das wesentlich leichter zu lesen und zu verstehen ist. Für komplexere Funktionen erlaubt das eine kompaktere
Beschreibung des Programmverhaltens als Assembler oder Bytecode. Fast alle modernen Programmiersprachen sind nicht mehr
viel komfortabler als das hier. Selbstverständlich werden auch
diese Zeilen am Ende in Bytecode für den Prozessor umgewandelt, egal ob durch *Kompilierung* oder Interpretierung.

Sprachen der vierten Generation

Der nächste Versuch zur Vereinfachung der Programmierung sind
die *Programmiersprachen der vierten Generation*. Diese Sprachen
sind der menschlichen Sprache schon ziemlich ähnlich. Manchmal
wirken Befehle sogar wie normale Sätze. Schauen wir und doch
einmal einen *SQL*-Befehl an, mit dem man Daten aus einer *Datenbank* anfragen kann:

```
SELECT name FROM kunden
WHERE land = "Deutschland"
```

Mit englischen Bezeichnern wirkt das sogar wie ein richtiger Satz:

```
SELECT name FROM customers
WHERE country = "Germany"
```

Das macht die vierte Generation zwar einfacher zu verstehen, aber die Befehle werden dadurch ziemlich geschwätzig. Man muss viel Text schreiben, um ans Ziel zu kommen. Natürlich ist es dennoch für viele Menschen der schönere Weg, Programmverhalten zu beschreiben. Allerdings ist es für einen geübten Verstand beinahe schon komplizierter, weil die angezeigte Information eine eher lockere Struktur besitzt und die wichtigen Elemente wild in den Befehlen verstreut sind. Man muss also sehr viel lesen und sehr viel schreiben statt kompakte Befehle zu formen.

Selbstverständlich besitzen Sprachen der vierten Generation weiterhin feste Regeln für Vokabular und Grammatik, damit Maschinen alle Befehle automatisch verarbeiten können. Am Schluss wird es wie immer in Bytecode umgewandelt.

Low Code und No Code

Zwei relativ neue Lösungsansätze heißen *Low Code* und *No Code*. Sie wurden in der vergangenen Dekade entwickelt, um eine andere Herangehensweise im Vergleich zu anderen Programmiermethoden zu ermöglichen. Anstatt Code als Text zu schreiben, verwendet man ein grafisches Werkzeug, mit dem man ein Diagramm des Zielverhaltens zeichnen kann. Eine so bildhafte Gestaltung ist fast wie die Inkarnation ihrer eigenen Dokumentation. Sie können hier aus vorgefertigten Bausteinen wählen, die in der richtigen Reihenfolge positioniert und miteinander auf bestimmte Weise verbunden werden. Beim Low-Code-Ansatz kann man zusätzlich eigene kleine *Skripte* schreiben und damit selber zusätzliche Bausteine erzeugen.

Kommentar
Ich muss ganz ehrlich sein: Ich bin bei der Software-Entwicklung eher ein Traditionalist. Meiner Meinung nach

bieten Programmiersprachen der dritten Generation ein schönes Gleichgewicht zwischen Lesbarkeit für Menschen und Nähe zur tatsächlichen Arbeit des Computers. Die kompakte Beschreibung des Verhaltens, die für geübte Leute rasch verstanden und verfasst werden kann sowie die Möglichkeit, viel Kontrolle über das Programm zu erhalten, sind auch meiner Sicht die Schlüsselfaktoren für den Erfolg und die Beliebtheit solcher Sprachen.

Trotzdem muss ich anerkennen, dass für sehr kleine Anwendungen und One-Trick-Ponys der Low-Code- und No-Code-Ansatz schnell zu recht guten Ergebnissen führen kann. Sie können sie in Betracht ziehen, solange Sie sich der Einschränkungen bewusst sind und garantieren können, dass sie Sie nicht in eine Sackgasse manövrieren werden.

Am Ende ist es die gleiche Frage wie die danach, weshalb Fahrzeughersteller überhaupt noch neue Autos designen, mit komplett neuen Plattformen und Bauteilen. Klar, man muss das Rad nicht neu erfinden. Doch obwohl Autos sich inzwischen alle sehr ähnlich geworden sind, bleibt ihre Realisierung weiterhin sehr individuell. Spezielle Features, strikte Vorgaben und neue Herausforderungen machen es erforderlich, dass man die volle Kontrolle über jedes Bauteil behält. So kann man detailliert entscheiden, wie jedes Element gestaltet sein soll. Standardkomponenten können diese Anforderungen nicht immer hinreichend erfüllen. Und vielleicht möchte man auch einfach nur unabhängig bleiben. Und vielleicht kann man von Dritten stammende, verfügbare Komponenten sogar selber schneller, günstiger oder qualitativ hochwertiger herstellen.

Redundanz

Entwickler sehen sich mit verschiedenen Arten von *Redundanz*, also Überflüssigkeit, konfrontiert. Einige davon sind gut, andere nicht. Lassen Sie uns einen Blick auf die Typen der Redundanz werfen, um ein paar Probleme und Lösungen kennenzulernen.

Code-Redundanz

Wenn Sie einen Programmierer fragen, dann wird er sagen, dass duplizierter Code ganz schlimm ist. Es passiert, wenn man einen Teil des Quelltextes einfach kopiert und für eine neue Situation leicht modifiziert statt den Code so umzugestalten, dass er für beide Szenarios verwendet werden kann. Duplizierter Code verdoppelt ungefähr den *Wartungsaufwand* für diese Bereiche und erhöht zudem das Risiko von Fehlern, da man für eine Änderung im Code auch jede seiner Kopie abklappern muss, wobei man leicht etwas übersieht. Wenn man bedenkt, dass zu jedem Abschnitt im Code auch ein *Unit-Test* gehört[22], dann kann das den Gesamtaufwand ziemlich in die Höhe treiben und die Entwicklung insgesamt ausbremsen.

Je erfahrener ein Programmierer jedoch ist, desto mehr Möglichkeiten der Vereinheitlichung wird er ausmachen können. Außerdem wird er falsche Vereinheitlichungen für Fälle, in denen zwei Szenarios nur ähnlich zu sein scheinen, es aber nicht sind, erkennen und auflösen. Ich hoffe, Sie sehen, dass die Reduktion von Redundanzen im Code zwar manchmal schwer sein kann und etwas Zeit kostet, sie den Aufwand allerdings wert sein wird.

Analogie Sie pflegen Ihr eigenes Kochbuch in einem Ordner. Eines Ihrer Rezepte ist Pizza Speziale mit Knoblauch. Sie beschreiben im Text alles, von der Zubereitung des Teigs und der Mischung der Soße bis zur Wahl der richtigen Gewürze. Jetzt fügen Sie ein Rezept für eine vegetarische Pizza hinzu. Weil es einfach nur ein weiteres Pizza-Rezept ist, kopieren Sie schlicht und ergreifend die Seite der Speziale mit einem Fotokopierer und korrigieren händisch die Angaben zum Belag. Aber jetzt kommt's: Nach ein paar

---

[22] Man sollte wirklich Tests schreiben und das nicht unter den Tisch fallen lassen.

Monaten haben Sie ein viel besseres Rezept für den Grundteig und die Soße. Tja, jetzt müssen Sie bei jedem Pizza-Rezept in Ihrem Ordner Änderungen durchführen. Sie können dabei schnell eines der Rezepte übersehen. Die bessere Lösung wäre gewesen, mit dem zweiten Pizza-Rezept die beiden Grundrezepte für Teig und Soße auf eine eigene Seite auszulagern und ab da nur noch Erweiterungen mit den jeweiligen Belägen einzuheften. Das wäre zunächst etwas aufwendig gewesen, hätte sich aber bald ausgezahlt. Jetzt aber sind Sie einfach nur verwirrt und wissen nicht mehr, welcher der richtige Teig ist, weil Sie mehrere verschiedene Rezepte dafür haben.

Redundanz in Datenbanken

Gerade in *SQL-Datenbanken* kann es zu einer Art Redundanz kommen und sie hat sowohl Vor- als auch Nachteile. Doch lassen Sie mich das an einer weiteren Analogie demonstrieren:

Analogie Stellen Sie sich eine Rotationskartei[23] für Kontaktinformationen vor. Claudia Schmitt ist gut mit Ihnen befreundet und dementsprechend haben Sie mehrere Karten für sie in Ihrem System (wie zum Beispiel den Arbeitskontakt, den Privatkontakt und die Adresse für ihr Ferienhaus am See). Eines Tages aber ändert sie ihren Namen nach einer Heirat in Claudia Müller. Weil Sie mehrere ihrer Karten besitzen, müssen Sie jede einzelne davon anpassen. Hätten Sie nur eine Hauptkarte für ihre Identität und Unterkarten für die jeweiligen Kategorien, dann hätten Sie den Namen nur an einer Stelle korrigieren müssen.

Wenn jemand Sie allerdings um Claudias geschäftlichen Kontakt gefragt hätte, dann müssten Sie mit dieser hierarchischen Struktur Namen und Kontaktdaten auf eine neue Karte zusammentragen. Wären die Angaben redundant auf mehreren Karten, dann könnten Sie einfach die passende Karte aushändigen.

---

[23] Zu meiner Zeit wusste noch jeder, was ein Rolodex ist.

Wie Sie bestimmt schon erkannt haben, ist es die alte Frage nach *Performanz* und *Persistenz*[24]. Datenbanken, die bis zur sogenannten *Normalform* (NF) bereinigt wurden sind wesentlich speicherschonender, benötigen dafür jedoch mehr Zeit, um assoziierte Daten zu kombinieren, weil man zunächst temporäre Einträge erstellen muss.

Speicherredundanz

Vorsicht, verwechseln Sie nicht Redundanz in der Datenbank mit der Redundanz von Datenspeichern! Letzteres ist für gewöhnlich kein Missgeschick, sondern eine Strategie zur Absicherung von Informationen gegen unvorhergesehene Datenverluste.

Analogie Legen wir noch einmal die Analogie von oben mit der Rotationskartei an. Falls Sie den jeweiligen Namen der Kontaktpersonen immer auf allen zugehörigen Karten vermerken und plötzlich ein Name unleserlich wird – etwa durch einen Wasserfleck –, dann wissen Sie nicht mehr, wessen Karte das war. Trotz Datenredundanz ist die Information verloren gegangen.

Wenn Sie jetzt aber jede Karte duplizieren, dann ist es nicht mehr so schlimm, wenn eine einzige Karte unleserlich wird, denn die Kopie alleine reicht schließlich aus. Folglich wird die echte Speicherredundanz strategisch eingesetzt, um Probleme durch unvorhersehbare *Hardwareausfälle* und versehentliche Lösung zu eliminieren.

Das häufigste System für *Ausfallsicherheit*[25] von Datenspeichern heißt *RAID* (*Redundant Array of Independent Disks,* auf Deutsch

---

[24] siehe Kapitel „Performanz und Persistenz".

[25] Der Unterschied zwischen Ausfallsicherheit und *Backups* besteht darin, dass letzteres Momentaufnahmen früherer Zustände beinhaltet während die Systeme für Ausfallsicherheit stets aktuell sind. Das bedeutet, dass aus Versehen gelöschte Daten nur mit Backups wiederhergestellt werden können. Es sind quasi echte Datenkopien. Dafür schützt nur die Ausfallsicherung vor Hardwareausfällen und gewährleistet den Betrieb sogar über die *Ausfallzeit* hinweg.

etwa „Redundante Verschaltung unabhängiger *Festplatten*") und existiert in verschiedenen Varianten. Das Grundprinzip ist aber stets der gleichzeitige Einsatz mehrerer *Laufwerke,* sodass die Daten über sie alle verteilt werden. Wenn eines davon den Geist aufgibt, können die Originaldaten über die noch funktionierenden wiederhergestellt werden. Mit der Annahme, dass sehr wahrscheinlich immer nur eine einzige Festplatte kaputt geht, kann man die Effizienz des Ausfallsystems sogar noch besser gestalten als durch die reine Spiegelung der Daten.

Redundanz in der Kommunikation

Das Senden und Empfangen von Daten in einem Kommunikationssystem ist ein sehr fehleranfälliger Prozess. Gerade große *Netzwerke* mit vielen Hardware- und Software-Protagonisten neigen zu einer hohen Wahrscheinlichkeit von Übertragungsfehlern. Das ist der Grund, weswegen wir mehr Daten als nur die eigentliche Information versenden. Heutzutage enthalten Datenpakete Bestandteile für Mechanismen der *Fehlerkorrektur* und *Prüfsummen* (eng. *Checksum*), so dass viele Probleme automatisch erkannt oder sogar korrigiert werden können. Im schlimmsten Fall kann die empfangene Nachricht nicht wiederhergestellt werden und der Empfänger fordert das korrupte Datenpaket einfach noch einmal an.

Refaktorierung

Für meine Erklärung von *Redundanz* habe ich Code mit einem Kochrezept verglichen. Wissen Sie was, ich behalte diese Analogie einfach bei. Im Grunde haben Code und ein Rezept sehr vieles gemeinsam. Beides wird von Menschen geschrieben und gelesen, beides kann entwickelt und über die Zeit optimiert werden und beides sind Schritt-für-Schritt-Anleitungen für Aktionen mithilfe von Ressourcen.

Im Folgenden will ich über *Refaktorierung* oder *Refactoring* sprechen. Aus irgendeinem Grund liegt manchen Personen – meistens Nicht-Entwicklern – der Gedanke fern, dass Code mit der Zeit verfallen kann. Zeilen, die fünf Jahre oder älter sind, sehen professionelle Programmierer normalerweise als *„legacy"*, also veraltet, an. Und das ist leicht frustrierend. Man investiert schließlich jede Menge Aufwände in sein Produkt, nur um zu erfahren, dass diese Investition langsam dahinschmilzt. Am Ende hat man eine schlechte *Performanz,* viele *Bugs* und eine Software-Entwicklung mit angezogener Handbremse. Wie kann das sein?

Analogie Kommen wir zur Analogie. Wir waren zu Besuch bei unseren Nachbarn und saßen dort einen herrlichen Apfelkuchen. Deshalb haben wir gleich nach dem Rezept gefragt und es auf einem Blatt Papier bekommen. Ein paar Wochen später kam ein heißer Apfelkuchen aus unserem Backofen und erfüllte die Luft mit seinem Wohlgeruch. Schon versammelte sich unsere ganze Familie um den Küchentisch und die Oma schwärmte davon wie sie früher auch immer Apfelkuchen machte. Sie erzählte, dass sie – anders als wir – die Apfelstücke vor dem Belegen des Kuchens immer vorher kurz in einem Topf auf dem Herd kochte, um sie weicher zu machen. Natürlich haben wir gleich eine kleine Notiz am Rezept angebracht, dass wir die Apfelstücke kochen müssen. Bald ergab sich die nächste Gelegenheit und diesmal machten wir einen Kuchen mit gekochten Äpfeln. Unsere Freunde liebten das Backwerk, waren sich jedoch einig, dass ein Esslöffel Zimt unbedingt noch zu den Äpfeln dazugegeben werden sollte. Nun gut, auch das haben wir direkt auf dem Rezept vermerkt. Wir dachten, dass wir die Anleitung damit endlich abgeschlossen hatten, aber weit gefehlt. Einer der Freunde wollte sich das Blatt ausleihen, um den Kuchen selber einmal nachzubacken. In der darauf folgenden Woche bekamen wir das Rezept wieder... mit neuen Anmerkungen. Zwar haben wir versucht, zu entziffern, was da reingekrakel wurde, aber keine Chance. Mit den Hieroglyphen konfrontiert erklärte uns der Freund, dass der Teig leider Saft von den gekochten Äpfeln aufgesogen hatte, was den Kuchenboden etwas matschig hinterließ. Er experimentierte ein wenig mit einer Schicht Weichweizengrieß, so wie seine Mutter es mal gemacht hatte. Der Grieß sog die Nässe auf und der Boden wurde schön knusprig und fest. Das war natürlich eine wichtige Information für uns, aber an diesem Punkt hatten wir ein Blatt Papier in unserer Hand, das übersät war mit handschriftlichen Notizen, Pfeilen, durchgestrichenen Bereichen und Gekritzel von mindestens drei Personen, eines davon komplett unleserlich. Schließlich haben wir uns dafür entschieden, das ganze Rezept noch einmal sauber aufzuschreiben, inklusive allen Verbesserungen. Anders gesagt: Wir sahen die Notwendigkeit eines Refactorings!

Schauen Sie, Code ist an sich wie ein lebendiges Wesen, wie eben jenes Rezept. Wir fügen neue Funktionalität hinzu, ersetzen veraltete Technologien und müssen den Code mehrerer Entwickler konsistent und leserlich halten. Wir schaffen Wege zur Steigerung der Performanz und Reduktion des Speicherbedarfs. Und wir fügen *Logging* hinzu, um Fehler besser nachverfolgen und die Sicherheit steigern zu können. Wir bauen Prüfungen der Eingaben zur Vermeidung von Problemen ein. Aber so wie beim Kuchenrezept braucht es manchmal eine gewisse Zeit, bis alle Probleme und Fehler zutage treten. Niemand – nicht die Entwickler, nicht die *Product Owner* oder Projektmanager – kann jede Idee der Kunden und jeden zukünftigen Einsatzszenario vorhersehen. Und im Gegensatz zum Kuchen rühren beim Code dutzende Köche über die Zeit mit. Stellen Sie sich einmal dieses Chaos vor! Wegen all diesen Gründen ist es unvermeidbar, dass andauernd Teile des Codes umgeschrieben, korrigiert, gelöscht und umgestaltet werden müssen. Das ändert zwar nicht das Produkt aus Nutzersicht, trotzdem ist es absolut notwendig zur Vermeidung Technischer Schulden.

Server

Das Wort *Server* kann etwas verwirren. Meiner Erfahrung nach denken die meisten Menschen hierbei an einen großen Computerschrank. Doch dieses Bild ist nicht zwingend korrekt.

Normalerweise unterscheiden wir zwei Rollen in jedem verteilten System, den *Client* und den Server. Der Client fragt Daten oder einen *Dienst* an. Das macht ihn zum aktiven Teil, der Aktionen anstößt. Der Server hingegen bietet einen Dienst für Clients an. Somit antwortet ein Server immer auf einen Client. Und das ist bereits der wichtige Part der Definition.

In der Praxis bezeichnet man den Computer, auf dem Software läuft, die die Rolle eines Servers übernimmt, auch als Server. Meist handelt es sich um einen flachen 19-Zoll-Rechner mit weiteren Einschüben aus *Netzwerk-Hardware,* alles verbaut in einem Metallschrank. Theoretisch kann aber jeder beliebige Computer die Rolle des Servers übernehmen, sogar ein Smartphone. Wichtig ist nur, dass es ein Programm gibt, das als Server arbeitet und dass das System für Clients zugänglich ist.

Der Client selbst kann auch auf jedem beliebigen Rechner laufen. Wenn Sie mit ihrem Handy im *Internet* surfen, dann ist dieses Gerät ein Client, der Webseiten von Servern anfragt. Im Grunde genommen könnten Client und Server sogar auf ein und demselben Computer laufen und über einen lokalen Netzwerk-*Port* des Geräts kommunizieren.

Stack Overflow

Die Überschrift könnte zunächst verwirren. Der Begriff *Stack Overflow* beschreibt eigentlich den Effekt, dass einem Programm der Speicherplatz im *Hauptspeicher* ausgeht, z. B. weil man aus Versehen eine unendliche Schleife programmiert hat, die niemals stoppt und immer mehr Bearbeitungsschichten öffnet, ohne sie zu schließen. Im Deutschen wurde dafür das schöne Wort *Stapelüberlauf* geprägt. Allerdings möchte ich hier nicht über den Effekt Stack Overflow, sondern über die Webseite namens *Stack Overflow* sprechen.

Ich wage zu sagen, dass es Ihr Unternehmen ohne Stack Overflow (oder eine ähnliche Webseite) wahrscheinlich nicht geben würde. Diese Gesellschaftsplattform ist derart bedeutsam für die moderne Software-Entwicklung, dass es Programmierung und *Debugging* ohne sie wohl kaum geben würde. Doch was genau ist diese Seite, von der Nicht-Entwickler bestimmt noch nie gehört haben?

Abgesehen von rauen Umgangsformen, einer rücksichtslosen Direktheit und harschen Worten ab und zu sind Entwickler –

zumindest häufig – recht soziale Wesen. Und dabei meine ich „sozial" im Sinne von Ameisen, die nicht zögern würden, Sie aus dem Bau zu tragen und auf den Müllhaufen zu ziehen, wenn Sie krank wären. Ich meine es im Sinne von Arbeitern, die tendenziell bereit sind, Vorteile und Sicherheit ein Stück weit aufzugeben, um ein Projekt zu retten. Vielleicht fühlen Sie sich unwohl, falls Sie es mit solchen Menschen zu tun haben, aber aus einer seltsam objektiven Sicht ist das Vorhandensein dieser Personen positiv für ein komplexes Vorhaben.

Eine Ausprägung dieses Verhaltens ist eben die Webseite Stack Overflow, die die internationale Gemeinschaft der Programmierer und Entwickler versammelt. Das Grundprinzip ist sehr simpel: Man kann eine Frage erstellen und andere können auf diese Frage antworten. Die Motivationen zur Beantwortung der Frage sind Loyalität gegenüber Kollegen, der Drang eines typischen Entwicklers, Probleme zu lösen, aber allen voran Reputation. Über alle Antworten wird ununterbrochen abgestimmt und kommentiert. Autoren bekommen so für herausragende Antworten eine Menge an Punkten, die wiederum eine Art Währung für Wissen und Fähigkeiten bilden. Eine große Punktzahl macht sich gut auf Bewerbungen, gerade bei großen Unternehmen, aber auch wenn man sich der Entwicklergemeinschaft stellt.

Während man programmiert, begegnen einem oft viele neue und ungewöhnliche Probleme. Verbindungsstörungen, seltsame Fehlermeldungen, inkompatible Technologien und unbekannte Funktionalitäten von *Programmiersprachen* sind nur einige wenige Beispiele. Wer dann nicht weiter weiß, hat keine andere Wahl, als zu seinem Problem in einer Suchmaschine zu recherchieren. Mit an Sicherheit grenzender Wahrscheinlichkeit ist dann unter den drei höchsten Treffern mindestens eine Fragestellung auf Stack Overflow vertreten. Egal welches Problem Sie haben, Sie sind nicht der erste mit diesem Problem. Durch diese Unterstützung hat man zumindest mögliche Lösungsansätze in Form von potentiell richtigen Antworten als Ausweg aus der Sackgasse.

Wer Hilfsmittel wie diese Webseite einsetzt, hat das Wissen und die Fähigkeiten der gesamten Programmierwelt an der Hand. Weil das Gebiet der modernen Programmierung immer weiter wächst und immer mehr technische Lösungsansätze bietet braucht es clevere Ansätze zur Lösung von Problemen. Nur so erhält man eine stabile Grundlage für eine schnelle und verlässliche Software-Entwicklung.

Kommentar
Die Seite Stack Overflow führt jährliche Umfragen unter allen angemeldeten Entwicklern durch. Die Resultate sind unter folgender Adresse frei zugänglich:

```
https://insights.stackoverflow.com/survey
```

Diese Berichte sind für Außenstehende etwas schwer zu lesen, trotzdem rate ich allen, mal einen Blick hineinzuwerfen. Sie finden dort wichtige Infos zu Themen wie der Verteilung an Personenprofilen, populäre Technologien, Arbeitsumgebungen und der Entwicklergemeinschaft insgesamt. Das wird Ihnen dabei helfen, den Zustand Ihres eigenen Teams und der Lage Ihres Unternehmens im Vergleich zu anderen einzuschätzen. Beispielsweise wären diese Umfragen meine erste Adresse, wenn mir jemand davon erzählen würde, wie toll eine bestimmte Programmiersprache sei. Ich würde schlicht nachsehen, was alle anderen Entwickler denken.

Technische Schulden

Die gesamte Erklärung des Themas *Technische Schulden* wäre zu umfangreich. Es gäbe genug Material, um ein ganzes weiteres Buch für Entwickler... und ein weiteres für Projektleiter und Manager zu füllen. Darum möchte ich mich lediglich auf das allgemeine Bild fokussieren und den Text an der Stelle kürzer halten.

Der wichtigste Punkt ist hierbei, dass Technische Schulden tatsächliche Schulden sind, die sich letztlich in einer finanziellen Belastung manifestieren. Stellen Sie sich einfach noch zu erledigende, aber absolut notwendige Programmierarbeit vor. Es besteht ein Qualitätsdefizit im Code, das Probleme verursacht und man zahlt auf jeden Fall den Preis dafür – auf die eine oder andere Weise.

Um in dieses Thema einzusteigen, müssen Sie zunächst verstehen, dass es zwei Versionen eines Codes geben kann, die aus Sicht des Endnutzers ausnahmslos exakt gleich funktionieren, sich aber in ihrer Qualität trotzdem extrem unterscheiden. Code mit geringer Qualität hat einige Nachteile:

- die Wahrscheinlichkeit für *Bugs* ist deutlich höher;
- die Pflege und *Wartung* sind viel aufwändiger;
- es dauert wesentlich länger, neue Funktionalität zum Produkt hinzuzufügen;
- die Testbarkeit des Codes ist katastrophal, sodass Absicherung und Verlässlichkeit nicht gegeben sind und
- die *Performanz* der Software hängt am seidenen Faden.

Solche Defizite zu ignorieren bedeutet, die Entwicklung des Programms zu behindern und dadurch die Produktionskosten stark zu steigern. Tatsächlich kann die Entwicklungsgeschwindigkeit in extrem schlechtem Code quasi auf Null fallen – ich bezeichnet das dann gerne als Technischen Bankrott.

Wie kann es überhaupt so weit kommen? Die Hauptursache für Qualitätsdefizite liegt im Arbeitsdruck und Zeitmangel. Entwickler sind häufig gezwungen, strikte *Deadlines* zu erfüllen. Das Ziel lautet meist „Es hätte gestern fertig sein müssen." statt „Erfülle die Aufgabe so gut du kannst.". Aus Sicht eines *Product Owners,* des Kunden und des Marketings ist eine Aufgabe erfüllt, sobald das Produkt die neue Funktionalität enthält. Es gibt dort keinen Sinn, kein Gespür, für Code-Qualität und selbstverständlich ist es die Aufgabe des Entwicklers, sich genau darum zu kümmern. Doch sobald der Programmierer „fertig" mit der Aufgabe ist, ist er nicht zwingend „fertig"mit seiner Arbeit. Und das ist die Kernursache für Technische Schulden. Man stellt eine Aufgabe fertig und verschiebt den Rest auf später, sozusagen als Schulden in Form von Zeit, die man irgendwann einsetzt.

An sich wäre das alleine jedoch noch nicht schlimm, denn man könnte schließlich die notwendigen Arbeiten eben später erledigen. Der Grund für die Probleme ist jedoch, dass es zum Abbau der Schulden ein Später geben muss und das ist selten der Fall. Sie wären auf dem Holzweg, zu glauben, dass Entwickler diese Schulden ignorieren, vergessen oder übersehen. Meistens gibt es schlicht nicht genügend freie Zeit für einen Programmierer, um sich im Nachgang um die Pflege des Codes zu kümmern. Es heißt dann leider oft, die Aufgabe sei fertig, die nächsten stünden bereits an. Wenn der Entwickler dann auf seine weiteren Pflichten verweist, bekommt man häufig zu hören, man könne es ja in weniger stressigen Phasen erledigen. Alleine solche Phasen existieren in einem Unternehmen nicht, weil immer neue Kundenanliegen und dringende Projekte in der Pipeline liegen und man wird niemanden sagen hören „Och, eigentlich haben alle unsere Produkte genügend Funktionen, wir können uns mal eine Pause gönnen.". Somit ist der Programmierer dem allgemeinen Feature-Druck unterworfen.

Womöglich denken Sie jetzt, dass man die Nachbereitung direkt an die eigentliche Aufgabe hängen könne. Nun, würden es alle im Unternehmen akzeptieren, wenn jeder Punkt auf der Liste zweimal oder dreimal länger als bisher dauern würde? Das Paradoxe ist hier, dass das absolut furchtbar und teuer klingt, jedoch am Schluss dem Unternehmen vielleicht das fünffache an Geld spart, wenn auch erst in späteren Projekten.

Weil Menschen eine ganz bestimmte Denkweise haben, ist es immer wieder überaus herausfordernd, zu erklären, dass eine kleine sofortige Investition am Ende sehr viel mehr Geld sparen wird. Noch schwieriger wird es, wenn man seine Prognose außerdem kaum mit Zahlen untermauern kann. Ich kann als Entwickler nicht vorhersehen, ob in einen Teil des Produkts in Zukunft noch viel Arbeit investiert werden wird und was bedeutet überhaupt „viel"?. Und wie kann man quantifizieren, wie viel länger es dauern wird, einen schlechten Code zu verstehen, wenn es doch von Person zu Person und von Tag zu Tag unterschiedlich lange dauert? Wie kann man einschätzen, um wie viel besser ein neues Feature in Zukunft in einen Bereich eingebaut werden könnte, wenn doch noch gar nicht klar ist, welche neuen Funktionalitäten umgesetzt werden sollen und wenn doch jeder Entwickler anderen Code fabriziert? Aus solchen Gründen bleibt die Einschätzung leider stets überaus vage. Ein Entwickler hat kaum eine andere Wahl, als über seine Erfahrung zu argumentieren. Das aber wird oft als mangelhafte Grundlage für wirtschaftliche Entscheidungen angesehen, was durchaus stimmt.

Aber sollte man dann ignorieren, dass der Patient krank ist, nur weil man keine genaue Aussage darüber treffen kann, ob er noch eine Woche, ein Jahr oder ein Jahrzehnt zu leben hat? Unser Patient ist das Produkt und auch hier können Sie oft einen graduellen Verfall beobachten. Wenn Sie merken, dass es immer länger dauert, neue Funktionalitäten umzusetzen, dass Sie noch so viele Entwickler in den Ring schmeißen können, ohne dass sich etwas ändert und dass die Flexibilität von früher völlig verlorengegangen ist, dann ist es definitiv Zeit, die Ärzte ranzulassen. Denn die direkten Auswirkungen sind kaum messbar, sehr wohl aber die indirekten. Wenn Sie Dauer, Umfang und Kosten von Projekten messen, wenn Sie die Länge Ihrer Veröffentlichungszyklen erfassen und die Menge an neuen Funktionalitäten pro Programmversion zusammenrechnen, dann können Sie den Zustand des Codes grob ableiten. Dafür müssen die Metriken jedoch zunächst aufgesetzt werden. Wenn Sie dann merken, dass sich die Werte über die letzten Jahre[26] verschlechtert haben, dass ist das ein ganz heißer Indikator dafür, dass die Qualität des Codes schlechter geworden ist.

Wie kann der Weg zurück zu einer guten Qualität gelingen? Die schlechte Nachricht ist, dass Sie die Verbindlichkeiten letztlich monetär in Form von Programmierzeit tilgen müssen. Vergessen Sie nicht, dass Sie ohne diese Investition noch mehr im Alltagsgeschäft zu zahlen hätten. Einige Defizite können gelöst werden, indem sich alle Entwickler gemeinsam für einen Monat an ein *Refactoring* setzen. Andere Probleme kann ein Spezialteam über einen längeren Zeitraum durch vorsichtige Verbesserungen erledigen. Zunächst benötigen Sie aber jemanden, wahrscheinlich einen *Lead Developer* oder *Software-Architekten,* der sich mit technischen Code-Metriken auskennt und diese erfassen kann, um in einem zweiten Schritt Korrekturen im Team zu organisieren. Letzteres gelingt nur, wenn dem Team auch die notwendigen Ressourcen zur Verfügung stehen, was nicht selten eine dauerhafte

---

[26] Sie sollten zumindest die letzten drei bis fünf Jahre miteinander vergleichen.

Auslastung von einigen Dutzend Prozent der gesamten Entwicklungskapazität ausmachen kann.

Bei diesen Horrorszenarien ist es klar, dass so manche Entscheider davor zurückschrecken, in den sauren Apfel zu beißen und schlichtweg hoffen, dass schon nichts passieren werde. Falls Sie wirklich wollen, dass Ihr Unternehmen auch langfristig besteht, dann müssen Sie aber der Realität ins Auge blicken, auch wenn es weh tut.

Technischer Overhead

Wie immer im Leben hat alles seine Vor- und Nachteile. Technologie ist da keine Ausnahme. Eine Art von Problemen, die leicht aus dem Blick gerät, ist der technische *Overhead,* nicht zu verwechseln mit dem Overhead-Projektor.

Das Wort „Overhead" meint eine Umständlichkeit, also einen zusätzlichen Aufwand, der nicht direkt zum Ziel beiträgt, aber nicht vermieden werden kann. Oft entsteht ein Overhead durch die Verwaltung, Organisation und Kontrolle von Dingen.

Beispiel Wenn der Vorteil Ihres Ansatzes z. B. darin besteht, etwas aufzuteilen, um Daten parallel im *Multi-Core-*Verfahren zu berechnen und damit zusätzliche Beschleunigung zu erfahren, dann müssen Sie jedoch zusätzlich Aufwand aufbringen, um die Datenströme wieder zu vereinigen.

Und wenn Sie die Vorteile eines Datentransports über ein *Netzwerk* genießen wollen, dann geht das nur, indem Sie Geräteadressen und *Prüfsummen* als weitere Datenmengen mitsenden.

Analogie Lesen Sie sich einmal die Analogie im Abschnitt zum Thema *ISO/OSI* durch. Dort haben wir eine Enzyklopädie zerlegt und jedes Blatt einzeln per Post verschickt, weil wir die Bände nicht in einer Box versenden konnten. In diesem Szenario benötigten wir einen Briefumschlag und schrieben Adressen und Sortiernummern zum Rekonstruieren der zerlegten Bücher auf. All das stellt einen Overhead, einen zusätzlichen Aufwand zur Organisation, dar.

Damit wird auch ein Problem mit Overheads klar. Stellen Sie sich einmal vor, wir hätten die Bände nicht in Blätter, sondern in einzelne Zeichenfetzen zerrissen. Würden wir diese Fetzen in Umschlägen verschicken, dann wäre der Aufwand, der durch die Realisierung der Lösung entsteht (Briefumschlag, Adressen und Sortiernummer) umfangreicher als der eigentliche Inhalt. Der Overhead würde massiv wachsen und plötzlich zum Hauptkostenpunkt werden.

Darum müssen wir stets ein Auge auf die Entstehung technischer Overheads haben. Kosten und Nutzen sind so zu balancieren, dass alle Vorteile zusammen alle Nachteile bestmöglich überwiegen.

Technologie-Stack

Der *Technologie-Stack* beschreibt die Plattform aus einer Kombination von Programmen und anderen Produkten, die genutzt wird, um die Zielapplikation zu erstellen. Die Idee dahinter, die Gruppe der Technologien als Einheit zu betrachten, kommt daher, dass mehrere Lösungen entweder im gleichen Zeitraum populär waren oder gut zusammenarbeiten, sodass in Projekten häufig bestimmte feste Konstellationen vorzufinden sind. Und manche Plattformen eignen sich besser für bestimmte Zwecke. Somit ist die Kombination der verwendeten Technologien ein gutes Spiegelbild für die Entstehungszeit des Produkts, allerdings auch für den Fortschritt, den es zwischenzeitlich gemacht hat.

Man kann die Aufzählung der verwendeten Werkzeuge auch gut als Basis nutzen, um passende Bewerber zu finden.

Beispiele für beliebte Technologie-Stacks

Ein eher alter und traditioneller Stack heißt *LAMP* und bezeichnet eine typische *Webserver*-Umgebung:

- *Betriebssystem: Linux*
- *Server* software: *Apache Server*

- *Datenbank: MySQL*
- *Programmiersprache: PHP*

Eine modernere Variante für diesen Einsatzzweck ist *MEAN:*

- Datenbank: *MongoDB*
- Server-Funktionen: *Express.js*
- *Frontend*-Technologie: *Angular*
- *Backend*-Technologie: *Node.js*

Ein klassischer Java-Stack sieht in etwa so aus:

- Datenbank: MySQL oder *MS SQL*
- Datenbank-Verbindung: *Hibernate*
- Programmiersprache: *Java*
- Weitere Funktionalität: *Spring Boot*
- Frontend-Technologie: *JSP (Java Server Pages)*

Full-Stack-Entwickler

Ein *Full-Stack-Entwickler* hat die erforderlichen Fähigkeiten und das notwendige Wissen, um jede Technologie des von ihm beherrschten Stacks zu nutzen und anzuwenden. Ein Full-Stack-Programmierer kann Funktionalitäten ganzheitlich gestalten und umsetzen, von der Datenbank bis zur *API*, vom Backend zum Frontend. Wenn sich der Begriff auf eine bestimmte Programmiersprache bezieht, dann ist damit gemeint, dass der Entwickler sehr umfassendes Wissen innerhalb der Grenzen der Sprache besitzt, aber nicht zwingend übergreifend auf andere Technologien hinaus.

Kommentar
Sehr viele Unternehmen suchen in ihren Stellenanzeigen nach Full-Stack-Entwicklern, obwohl die Erwartungen auf beiden Seiten wohl sehr unterschiedlich ist (und alle liegen falsch mit ihrer Ansicht). Viele Entwickler denken, dass sie

die Anforderungen für eine Bewerbung als Full-Stack nicht erfüllen, weil sie bereits einschätzen können, was sie über die jeweiligen Technologien noch nicht wissen. Und die Unternehmen denken, dass ein Full-Stack-Entwickler eine Ein-Mann-Entwicklungsabteilung ist, die wie eine Stalinorgel Features rausballert. Beide Sichtweisen sind falsch.

Ich definiere Full-Stack-Entwickler als Personen mit genügend Berührungspunkten in ihrer Vita mit allen Technologien des Stacks, sodass sie im Alltagsgeschäft mit den Plattformen im Großen und Ganzen klarkommen. Sie müssen nicht in allen Belangen ein Vollexperte sein. Außerdem sollte ein Entwickler sowieso nicht alleinverantwortlich für die Umsetzung einer Funktionalität sein. Daraus folgt, dass die Marke „Full Stack" lediglich eine zusätzliche Garantie dafür sein sollte, dass der Programmierer ein Verständnis für das große Ganze besitzt. Insbesondere, weil Sie einen wirklichen Full-Stack-Experten nicht bezahlen könnten (oder wollten).

Testen

Viele Leute, die mit der Entwicklung von Software im weitesten Sinne zu tun haben sehen das *Testen* als reine Prüfung der Funktionalität des Produkts aus Nutzersicht. Testen bzw. *Testing* bedeutet im Programmiererjargon jedoch das Prüfen und Absichern von Code.

Ein Code-Test ist zusätzlicher Code, der nicht zusammen mit dem Produkt an den Kunden ausgeliefert, jedoch während der Entwicklung ins Projekt inkludiert wird. Programmierer schreiben dabei diese Tests zusammen mit dem eigentlichen Quellcode *(Produktiv-Code)*. Normalerweise besteht der Quellcode aus kleineren Einheiten (siehe auch *Funktion* und *Methode*), die jeweils eine einzelne Aufgabe erfüllen. Der Test-Code beschreibt dann lediglich, welches Verhalten wir von diesen Einheiten erwarten.

Die Idee dahinter ist also, dass wir die Bauteile unseres Programms prüfen und damit die Korrektheit für das gesamte Produkt absichern.

Es existieren verschiedene Möglichkeiten zur Kategorisierung von Code-Tests. Zunächst könnte man den jeweiligen Fokus unterscheiden. *Unit-Tests* sind zuständig für die Überprüfung einzelner Code-Dateien *(Unit)*, *Integrations-Tests* sind zuständig für mehrere miteinander interagierende Dateien im Verbund und *End-To-End-Tests* (auch oft als *Black-Box-Tests* bezeichnet) schauen genau genommen nicht direkt auf den Quellcode, sondern verwenden eine *Schnittstelle* wie eine *GUI* oder *API*, um mit dem Produkt zu interagieren und dadurch das globale Verhalten – eher aus Nutzerperspektive – zu untersuchen. Außerdem könnte man Tests auch nach ihrem Zweck unterscheiden. Es gibt dabei *Funktionstests, Sicherheitstests, Performanztests* und Quelltext-*Style-Checker.*

Es ist sehr schwer, Tests für bereits fertigen Code zu verfassen, denn eigentlich sollte Code von Beginn an so gestaltet werden, dass er leicht zu testen ist, was allerdings im Nachgang nicht garantiert werden kann. Dabei ist es verständlicherweise nervig, Tests schreiben zu müssen, wenn man eigentlich nur seine Aufgabe so schnell wie möglich erledigen will. Aus dieser Not heraus entsteht der sogenannte *TDD*-Ansatz. Die Abkürzung steht für *Test-Driven Development,* also *Testgetriebene Entwicklung.* Bei dieser Herangehensweise schreibt man zunächst einen bestimmten Testfall direkt, bevor man den dazugehörigen Quellcode verfasst. Auf diese Weise versucht man sicherzustellen, dass für das gesamte Programm Tests existieren, dass das erwünschte Verhalten im Mittelpunkt steht und dass der Code stets testbar ist. Die TDD-Methode erfordert hinreichende Fähigkeiten im Testen, aber vor allem Disziplin, was womöglich der Grund dafür ist, dass der Ansatz noch nicht zum Branchenstandard wurde.

Heute würden die meisten Entwickler darin übereinstimmen, dass die *Testabdeckung* des Codes bei etwa 70 bis 80 % liegen sollte. Der Rest des Codes ist entweder zu simpel oder stupide zum Testen, sodass das Schreiben von Tests reine Zeitverschwendung wäre, oder zu schwer zu testen, gerade wenn externe Programmressourcen zum Ausführen und Betrachten eines Teils notwendig wären.

Kommentar

Als ich nach meinem Studium begann, in einem Unternehmen in der freien Wirtschaft als Entwickler zu arbeiten, war ich zunächst sehr skeptisch und genervt, was das Testen betraf. Doch je mehr und je früher ich im Programmierprozess testete, desto mehr Fehler kamen zum Vorschein und desto wohlgeformter sah mein Code aus. Nach einigen Jahren wurde ich dann allmählich zum Fan des Testens und inzwischen genieße ich einfach die Unterstützung, die ich mir selbst durch das Arbeiten im TDD-Verfahren bereite.

Threads

Ein *Thread* (dt. „Faden") ist ein Bearbeitungsstrom für den *Hauptprozessor*. Während der *Laufzeit* einer Software kann man die Rechenarbeit oft granularer gestalten und dadurch parallelisieren.

Das Ausführen eines Programms wird häufig als *Prozess* bezeichnet. In seltenen Fällen eine Software auch aus mehreren Einzelprozessen bestehen, die dann aber sehr eigenständig und eher unabhängig voneinander sind. Ein Thread ist Teil eines Prozesses und beschreibt einen Strom aus Befehlen, der in den Chip fließt. Das wird durch das *Betriebssystem* organisiert. Moderne Prozessoren erlauben dabei *Nebenläufigkeit (Multi Threading)*, mit der mehrere solcher Ströme gleichzeitig verarbeitet werden können. Theoretisch kann man sogar mehr Threads als *Prozessorkerne* starten, wobei das Betriebssystem den Threads dann abwechselnd ein Stück der Gesamtrechenleistung abgibt und sie quasi im Schichtbetrieb hält.

Wenn Ihr Produkt also auf einem Computer mit einem Mehrkern-Prozessor laufen wird – was sehr wahrscheinlich ist –, dann ist es absolut sinnvoll, die Software nebenläufig zu machen. Manchmal können komplizierte Aufgaben in kleinere parallele Aufgaben aufgeteilt und auf diesem Weg schneller bearbeitet werden. Aber seien Sie gewarnt: Die unsachgemäße Umsetzung paralleler Verarbeitung birgt auch ein hohes Risiko für *Bugs*.

Beispiel Wenn zwei nebenläufig bearbeitete Threads auf die selben Daten zur selben Zeit zugreifen, wessen Änderung ist letztlich die gültige? Vielleicht erkennen Sie schon mit diesem einfachen Beispiel, dass Multi Threading zwar die *Performanz* erhöhen, jedoch auch für zusätzliche *Komplexität* des Codes sorgen kann.

Analogie Nehmen wir an, dass Sie einen großen Haufen zufällig nummerierter, aber unsortierter Karten vor sich haben. Sie möchten die größte Zahl im Stapel herausfinden. Zum Glück taucht ein Freund auf und hilft Ihnen. Sie teilen den Stapel in zwei Hälften und starten mit dem Durchsuchen der Karten. Für die Zusammenarbeit vereinbaren Sie, dass jeder stets die Karte mit der bisher größten gefundenen Zahl auf die Tischmitte legt. Zu einem bestimmten Zeitpunkt ist die 344 die größte Zahl. Jetzt finden Sie aber eine 359. Allerdings findet Ihr Freund eine 401. Sie werfen beide ihren jeweiligen Fund in die Tischmitte. Welche der beiden neuen Karten oben liegt, hängt nun plötzlich davon ab, wer von Ihnen ein Quäntchen schneller war. Wenn Sie diese Situation nicht gesondert prüfen und berücksichtigen, dann kann es leicht zu einem unerkannten Fehler kommen.

So ähnlich verhält es sich mit der *Parallelisierung* von Aufgaben. Wenn Sie mehrere Threads haben, dann können sogenannte *Race Conditions* (etwa. „Wettlauf-Szenarien") das Endergebnis willkürlich beeinflussen, je nachdem, wer schneller war. Daraus folgt, dass definitiv Mechanismen zur Synchronisation und für die Ressourcen-Verwaltung implementiert werden müssen. Ansonsten laufen Sie Gefahr falsche Resultate zu erzeugen oder *Deadlocks* zu verursachen.

UML

Die *Unified Modeling Language,* kurz *UML,* wurde entwickelt, damit die Beschreibung von Programmcode, seinem Verhalten und seiner Struktur, einem Standard unterworfen ist.

Ein *Aktivitätsdiagramm* zeigt Ihnen die Zustände, die ein Prozess schrittweise durchläuft, um Entscheidungen zu treffen und das

Ergebnis zu berechnen. Ein *Sequenzdiagramm* konzentriert sich auf alle beteiligten Rollen oder Instanzen und erklärt in welcher Reihenfolge Dinge geschehen. Und ein *Klassendiagramm* stellt die Elemente des Codes und ihre Beziehung zueinander dar.

Heutzutage gibt es viele Werkzeuge, mit denen man diese Diagramme zeichnen oder sich sogar teilweise automatisch generiert ausgeben lassen kann. Für gewöhnlich kennen Entwickler diese Grafiken und wissen (mehr oder weniger) etwas mit ihnen anzufangen. Die moderne Software-Entwicklung mit *IDE*-Programmen hat den Bedarf an UML-Diagrammen deutlich reduziert. Trotzdem ist UML weiterhin zur Erklärung und Dokumentation von Strukturen sowie Entwicklungsstrategien und Lösungsansätzen unter Programmierern nützlich. Doch Vorsicht, denn Code kann sich sehr schnell ändern und UML-Diagramme verlieren dann direkt ihre Gültigkeit.

UUID und GUID

Der *Universally Unique Identifier (UUID)* und seine Konkretisierung *Globally Unique Identifier (GUID)* sind Formate für *IDs* von Elementen und Daten. Normalerweise haben solche IDs eine bestimmte Gestalt und bestehen aus *Hex*-Zeichen:

```
4598AB10-237D-BB72-01FA-1915BACD4D57
```

Es gibt zwar eigentlich feste Regeln für die Erzeugung dieser Identifizierer und feste Bedeutungen für die einzelnen Segmente innerhalb der ID, aber diese sind meist nicht wichtig oder werden sogar komplett ignoriert. Daher sollten Sie im Alltag solche IDs als vollständig zufällig ansehen. Und das hat ein paar Vorteile.

Wenn man an IDs denkt, kommt einem schnell in den Sinn, Elemente einfach aufsteigend zu nummerieren und sie dadurch identifizierbar zu machen. Doch das sorgt für einigen Aufwand. Sie müssen sich beispielsweise merken, was die aktuell größte Zahl ist. Wenn Sie einen sehr großen Datensatz haben, kann die Suche danach schon recht lange dauern. Und wenn eines der Elemente gelöscht wird, geht die ID entweder verloren (sodass Sie Lücken erhalten, die potentiell zu *Bugs* führen könnten) oder Sie weisen die ID einem neuen Element zu (was auch für Bugs sorgen kann, weil unter einer bekannten ID plötzlich andere Daten zu finden sind).

Wenn man Quasi-Zufallszahlen als IDs benutzt, kann man alle diese Probleme umschiffen. Das einzige Risiko besteht darin, dass Sie theoretisch zweimal die gleiche Sequenz erzeugen könnten, was aber im Alltag beinahe unmöglich, da extrem unwahrscheinlich, ist. Durch das feste Format und die unveränderliche Länge haben diese IDs außerdem den Vorteil, dass der Platzbedarf für die Nutzung immer gleich ist. Damit verhindert man, dass IDs plötzlich über eine Grenze hinaus wachsen, die man vorher nicht im Blick hatte. Dazu kann man die fast zufälligen UUIDs direkt als gültig annehmen, sodass sie weder speziell überprüft noch im Voraus registriert werden müssen.

Verschlüsselung

Sie sind vielleicht der Ansicht, dass eine *Verschlüsselung* Ihre Geheimnisse für andere komplett unzugänglich macht oder vollständig verschleiert. Es tut mir leid, Sie enttäuschen zu müssen. Womöglich bin ich sogar der Grund, wenn Sie ab jetzt nachts nicht mehr ruhig schlafen können, aber ich kann Ihnen versichern, Sie stehen nicht alleine da mit diesem Missverständnis zum Thema *Encryption*[27], so der englische Begriff. Eigentlich bedeutet Verschlüsselung in der *Informatik* lediglich, dass es Angreifern extrem schwer gemacht wird, an Inhalte heranzukommen.

Analogie Es ist, als ob Sie eine Tonne an Schlüsseln auf den Boden vor Ihre Haustür werfen würden, wobei nur Sie selbst wissen, dass genau einer davon magnetisch ist, nämlich der passende zur Tür. Ein Angreifer könnte natürlich jeden einzelnen Schlüssel ausprobieren, aber die meisten wären zu faul dazu und bevor der richtige

---

[27] Bloß nicht mit *Encoding* verwechseln!

Schlüssel gefunden wäre, wären Sie schon längst auf ihn aufmerksam geworden.

Um eine Information zu verschlüsseln, benötigen Sie ein *Passwort (Verschlüsselungsschlüssel),* das dazu verwendet wird, die Gestalt der Daten zu verändern. Der eigentliche Inhalt wird meist nicht geändert, nur umgewandelt. Und jemand, der Zugriff auf diesen Inhalt erlangen möchte, benötigt ebenfalls ein Passwort, einen *Entschlüsselungsschlüssel* zum Zurückwandeln der verschlüsselten Daten in den Originalzustand. Ein Algorithmus führt die Prozesse der Ver- und *Entschlüsselung* durch.

In den meisten Fällen sind Verschlüsselungen hinreichend sicher, weil heutige Computer und *Server*-Farmen nicht über die nötige Geschwindigkeit und Rechenleistung verfügen, um jedes einzelne Passwort zu versuchen. Mit *Quantencomputern* allerdings könnte die Sache ganz anders aussehen...

Symmetrische Verschlüsselung

Die einfachste Art der Verschlüsselung ist die *Symmetrische Verschlüsselung.* Dabei sind die Passwörter für die Ver- und Entschlüsselung identisch.

Beispiel In Ihrer Kindheit haben Sie vielleicht einmal das *Cäsar-Chiffre* ausprobiert: Verschieben Sie alle Buchstaben des Alphabets z. B. um drei Stellen nach links. Vor zweitausend Jahren war diese Verschlüsselung noch sicher genug. Im vorliegenden Fall wäre das Passwort die Zahl der Stellen, um die verschoben wurde.

Natürlich wäre das heutzutage eine schlechte Wahl. Ein etwas modernerer Algorithmus wäre zum Beispiel *AES*. Diese Verschlüsselung ist zwar ebenso symmetrisch, erzeugt jedoch etwas undurchschaubarere Resultate. Für einfache Zwecke reicht AES vollkommen aus, wobei es aber nicht viele davon gibt. Immerhin muss man den *Schlüssel* letztlich an alle Teilnehmer des Datenaustauschs verteilen, was das Risiko erhöht, dass er Angreifern in die

Hände fällt und sie leicht in der Folge selber Informationen ver- und entschlüsseln können.

Asymmetrische Verschlüsselung

Asymmetrische Verschlüsselung ist aktuell die Grundlage für eine saubere Verschlüsselung. Der wichtige Unterschied im Vergleich zur Symmetrischen Verschlüsselung liegt darin, dass Sie hier zwei verschiedene Passwörter für die Ver- und Entschlüsselung haben.

Analogie Das ist so, als ob jemand die Adresse zu Ihrem Haus hat und Ihnen einen Brief schickt, wobei nur Sie selbst den Schlüssel zu Ihrem Briefkasten haben.

Mit solchen Algorithmen können Sie problemlos den Verschlüsselungs-Schlüssel veröffentlichen. Deshalb nennt man dieses Passwort auch *Öffentlicher Schlüssel,* auf Englisch *Public Key.* Der zweite Schlüssel, mit dem man die Daten entschlüsseln kann, müssen Sie für sich behalten und unzugänglich machen, weshalb er als *Privater Schlüssel* oder *Private Key* bezeichnet wird. Ein Beispiel für eine solche Methode ist das *RSA*-Verfahren.

Manchmal werden mehrere Technologien kombiniert, um ein möglichst gutes Gesamtergebnis zu erzielen. Die symmetrische Methode ist einfacher und die Prozesse sind wesentlich schneller. Die asymmetrische Methode ist dafür aber sicherer. Was tun? Die Schwierigkeit an der Symmetrischen Verschlüsselung besteht darin, dass ein Angreifer an den Schlüssel gelangen und so jede Nachricht ver- und entschlüsselt werden könnte. Wenn man jetzt allerdings das symmetrische Passwort mit einem asymmetrischen Verfahren verschlüsselt und auf diese Weise austauscht, dann kommt ein Angreifer nicht mehr heran. Anschließend haben beide Seiten den Schlüssel sicher ausgetauscht und können von da an ihre Daten symmetrisch verschlüsseln, was insgesamt viel Zeit spart.

Hashing

Dieser Abschnitt handelt nicht etwa von Haschisch. Aber eigentlich handelt er auch nicht von Verschlüsselung. Trotzdem ist das Thema *Hashing* hier gut aufgehoben, denn es wird häufig im Zusammenhang mit Verschlüsselung und Datensicherheit besprochen.

Der Begriff ist vor allem wichtig, wenn man über das Speichern von *Passwörtern* redet. Es gibt ein Problem mit der Aufbewahrung von Passwörtern in Klarform in *Datenbanken,* denn wenn ein Angreifer Zugriff erlangt, sind die Passwörter nicht mehr sicher. Die Daten können gestohlen und veräußert werden. Dann ist es für Dritte ein Leichtes, sich in fremde Accounts *einzuloggen.* Vielleicht denken Sie jetzt, dass dann wohl eine Asymmetrische Verschlüsselung das Problem löst.

Beispiel Nehmen wir an, dass der Angreifer ein Angestellter des Unternehmens ist, bei dem die Accounts (und damit die Passwörter) liegen. Mit sehr großer Wahrscheinlichkeit hat dieser Mensch dann nicht nur Zugriff auf die Datenbankinhalte, sondern auch auf alle *Schlüssel,* die das System verwendet – meist im Quellcode hinterlegt. Damit lassen sich dann selbstverständlich auch verschlüsselte Daten auslesen.

Statt aufzugeben, nach Hause zu gehen, Led Zeppelin zu hören und Haschisch zu konsumieren, bis sie ihr Versagen verdrängt haben, haben sich die *Mathematiker* hingesetzt und eine Lösung für dieses Dilemma entwickelt: Hashing-Algorithmen.

Hashing bedeutet, dass man die originären Daten in einen Algorithmus wirft und einen sogenannten Hash-Wert erhält. Der Witz an der Sache ist, dass man den umgekehrten Weg nicht so ohne weiteres gehen kann. Aus dem Hash lässt sich die ursprüngliche Eingabe nur schwer rekonstruieren, sogar wenn man den Algorithmus und seine Arbeitsweise kennt. Es ist also eine Einbahnstraße. Mit dieser Methode kann man nun den Hash-Wert statt des Passworts speichern. Er enthält keine Informationen über das eigentliche Passwort – diese Info ist weg.

Moment mal, wenn der *Dienstanbieter* aber keinen Zugriff auf das Originalpasswort mehr hat, wie kann man dann überhaupt prüfen, dass der Nutzer beim Anmelden das richtige Passwort eingetragen hat? Ganz leicht: Man lässt den Benutzer sein Passwort eintippen und lässt es noch auf dem Nutzer-Computer hashen. Anschließend überträgt man den (neu berechneten) Hash-Wert statt des Passworts und vergleicht diesen Wert mit dem gespeicherten aus der Datenbank. Die gleiche Eingabe erzeugt immer den gleichen Hash. Und der ist zwar in der Theorie nicht einmalig, aber in der Praxis ist es fast unmöglich mit zwei unterschiedlichen Passwörtern den gleichen Hash-Wert zu erzeugen.

Für etwas zusätzlichen Spaß kann man einen sogenannten *Salt* an die Eingabe des Nutzers hängen bevor man sie in den Hashing-Algorithmus gibt. Salting kann über hinzugefügte Zeichen erfolgen oder indem man die Eingabe auf eine bestimmte andere Weise verändert. Das reduziert noch einmal die Wahrscheinlichkeit, dass ein Angreifer erfolgreich über das *Brute-Force*-Verfahren an das Passwort herankommt, wenn er die Hash-Werte kennt und die Standard-Hashing-Algorithmen durchprobiert[28].

Versionskontrolle

Während ich diese vielen Erklärungen schreibe, hoffe ich inständig, dass Sie nicht nur anfangen, ein Verständnis für die Welt der Software-Entwicklung aufzubauen, sondern, dass Sie selbst einige der vorgestellten Techniken und Paradigmen für sich adaptieren. Letztlich handelt *Informatik* ja auch von der Verarbeitung von Informationen und das betrifft uns alle. Viele der Methoden in diesem Buch werden Ihnen auch helfen, Ihren Alltag besser zu organisieren. Eine der Methoden ist auch die *Versionskontrolle.*

Versionskontrolle beschreibt ein System zur Verwaltung von Änderungen in Textdokumenten und anderen Dateien. Das beschränkt sich nicht nur auf das Programmieren. Sie können

---

[28] *Rainbow Tables* enthalten schon gehashte (und weit verbreitete) Passwörter, die man heranziehen kann, um die ursprüngliche Eingabe zu erraten.

Versionskontrolle für beinahe alles einsetzen: E-Mail-Vorlagen,
Verträge, Design-Standards, Richtlinien zur Sprache im Unternehmen, *Tabellenvorlagen* und vieles mehr. Mit einem solchen System
können Sie nicht nur saubere Sortierstrukturen mit Ordnern und
Suchfeldern aufbauen, sondern zudem das Hochladen, Ändern und
Löschen von Dokumenten exakt nachverfolgen, inklusive Angaben zum Bearbeiter, Zeitpunkt und Grund. Mit einer Versionskontrolle können Sie die gesamte Historie selbst komplexer Dateien
erfassen.

Der Grund, weswegen ich dieses Thema an der Stelle im Zusammenhang mit Software-Entwicklung erwähne, ist, dass Code ebenfalls in Form von Textdateien organisiert ist. Tatsächlich bildet
das System zur Versionskontrolle den Knotenpunkt, an dem die
Arbeit des ganzen Entwicklungs-Teams zu einem finalen Quellcode zusammenläuft. Daher ist es wichtig, die dazugehörigen
Grundzüge und Bezeichnungen zu verstehen. Programmierer verwenden nachfolgende Begriffe andauernd, ohne sich bewusst zu
sein, dass Versionskontrolle nicht jedermanns Steckenpferd ist.

Git und SVN

Noch bis vor zehn Jahren[29] war *SVN* das Maß aller Dinge und
die meistgenutzte Versionskontrolle für Code. Es setzt bereits die
wichtigsten Funktionen um, schafft allerdings auch von Zeit zu Zeit
Probleme. Der Vergleich zwischen zwei Varianten eines Doku-
ments ist eher umständlich und jede Dateiversion wird mit seiner
vollständigen Datei abgespeichert, was den Speicherbedarf sehr
groß macht und die Flexibilität für Operationen zwischen zwei
Varianten reduziert.

Aufgrund dieser Umstände begann *Linus Torvalds* (Sie wissen
schon, der Erstentwickler von *Linux*) mit der Arbeit an *Git,* seiner
modernen kostenlosen Lösung zur Versionskontrolle. Heute gibt es
viele Anbieter, die Varianten von Git-Umgebungen anbieten wie
z. B. *GitHub* (erworben und betrieben von *Microsoft*), *Bitbucket*

---

[29] https://softwareengineering.stackexchange.com/a/150791

(von *Atlassian*) und *GitLab,* wobei einige davon auch zu kommerziellen Zwecken unentgeltlich genutzt werden dürfen.

Git ist derzeit der neuste Stand der Technik, was Versionskontrolle betrifft, und es bietet viele Vorteile gegenüber anderen Systemen. Erstens speichert es nur die konkrete Änderung innerhalb einer Datei und nicht die komplette Version jeder Datei, wodurch sowohl der Speicherbedarf als auch die *Performanz* deutlich besser ist als etwa bei SVN. Zweitens bietet es eine bequeme *Schnittstelle* für Nutzer mit vielen Erleichterungen statt nur eine Maschine zu sein, die im Hintergrund läuft. Drittens hat Git viele Short Cuts und Schnellzugriffe für alle Funktionen, was die Wahrscheinlichkeit für Fehler senkt und die häufigsten Aufgaben beschleunigt. Viertens können Entwickler ihre Modifizierungen exterm flexibel abspalten und zusammenfügen, unterstützt durch übersichtliche Diagramme. Und zu guter Letzt stellen viele Git-Systeme Werkzeuge zum Prüfen, *Kompilieren, Building* und *Deployen* von Projekten bereit, was zusätzliche Software oft überflüssig macht.

Arbeiten mit Git

In diesem Abschnitt soll es um die tägliche Arbeit mit Git gehen. Ich möchte zeigen, welche Handlungen Entwickler hunderte Male jede Woche durchführen und damit erklären, welche Möglichkeiten und Aufwände es durch Versionskontrolle gibt. Sie werden Ihre Programmierer ein Stück weit besser verstehen, versprochen.

Es gibt zwei Wege, Git zu nutzen: Sie können es als Programm auf Ihrem Computer *installieren* und Kommandos in das *CLI* des Rechners tippen oder Sie richten ein *Plugin* in Ihrer *IDE* ein, wobei letzteres wohl einfacher ist, gerade für Neulinge. In der IDE erhalten Sie dann weitere Menüpunkte, über die Sie den Code eines Projekts in den Editor laden, ihn verändern und wieder hochladen können. Doch egal, wie Sie die Git-Funktionen steuern, die Arbeitsschritte sind letztlich gleich.

Der zentrale Ort, an dem alle Informationen gespeichert werden, nennt sich *Repository,* oft mit *Repo* abgekürzt. Das ist der *Server,* mit dem alle Entwickler-Computer verbunden sind. Es kann im Repository auch mehrere voneinander getrennte Projekte geben. Das können unterschiedliche Produkte sein, aber auch voneinander unabhängige Bestandteile eines einzelnen Produkts.

Kommentar

Im Idealfall ist eine Software sogar in mehrere Projekte zerlegt, z. B. *Frontend* und *Backend*. Natürlich kann man es mit der Zerteilung auch übertreiben, doch im Allgemeinen gilt, dass mehr unabhängige Bereiche auch mehr Vorteile bedeuten. Wenn Teile eines Produkts voneinander unabhängig sind, dann können Entwickler daran arbeiten, ohne sich gegenseitig zu behindern. Zudem ist es dann sehr unwahrscheinlich, dass die Änderung an einem Ende des Programms einen *Bug* am anderen Ende verursacht. Eine *Schnittstelle* regelt die Verbindung zweier Teile und legt das von außen wahrgenommene Verhalten fest, wodurch man die Wirkung innerer Änderungen abschottet. Die Versionskontrolle erleichtert hierbei die Handhabung mehrerer solcher Projekte – auch im Verbund – massiv.

Wenn ein Entwickler zum ersten Mal an einem Projekt programmieren möchte, dann muss er es aus dem Repository auf den eigenen Computer *auschecken*. Dieser Prozess lädt sämtliche Dateien des Projekts herunter, also auch den Code und seine Änderungshistorie, und fügt das Projekt als Eintrag in die IDE-Software hinzu. Anschließend kann man den Quellcode bereits betrachten.

Sobald man eine Aufgabe angeht, legt man einen neuen *Branch* (dt. „Zweig") im Projekt an. Ein Branch ist wie eine Arbeitskopie, die es einem erlaubt, Änderungen parallel und unabhängig zur Tätigkeit in anderen Aufgaben durchzuführen. Auf diesem Weg kann man seine eigene Kopie jederzeit speichern und mit anderen teilen; man kann sogar mit mehreren Personen gemeinsam an einer Aufgabe zugange sein, ohne dass die Arbeiten an anderen Aufgaben etwas davon mitkriegen. Jede Aufgabe wird zunächst nur in ihrer jeweiligen Arbeitskopie gelöst. Das ist vor allem dann sehr angenehm, wenn der Code auf einem bestimmten Branch noch nicht stabil ist und Probleme verursacht, denn alle anderen

Programmierer können weiterhin ungestört entwickeln. Sämtliche Branches sind dem Git-System bekannt und werden davon verwaltet. Da ein solcher Branch immer eine Kopie des vollständigen Projekts ist, kann man ihn auch kompilieren und *deployen* und so prüfen, wie die Änderungen im fertigen Produkt aussehen würden. Das ist gerade auch für die Qualitätssicherung unabdingbar.

Wenn ein Entwickler Änderungen am Code durchgeführt hat, kann er sie auf den Branch *committen*. Das hat den gleichen Effekt wie ein neuer Speicherstand bei einem Computerspiel. Es ist eine Rückfall-Absicherung, zu der man jederzeit zurückkehren kann, wenn man sich beim Programmieren verrannt hat. In seltenen Fällen muss man so viele Stellen im Code gleichzeitig anfassen, dass man schlicht die Übersicht verliert und das Produkt dann plötzlich nicht mehr läuft oder sich ganz seltsam verhält. Dann ist es schön, zu einem Punkt zurückkehren zu können, wo noch alles in Ordnung war und von dort aus einen neuen Versuch zu starten. Deshalb macht man normalerweise nach jedem größeren und erfolgreichen Arbeitsschritt einen Commit. Jeder Commit erhält einen kurzen Kommentar, um die Änderungshistorie nachvollziehen zu können. Später kann man die Geschichte jedes Branches anhand der Wegpunkte mitsamt der Angaben zu Zeitpunkt und Autor nachzeichnen. So gelingt eine transparente Dokumentation der Entwicklungstätigkeit.

Allerdings ist ein Commit noch nicht genug, um seine Version des Codes mit dem zentralen Git-Server zu teilen. Weil Commits zunächst nur lokal angelegt werden, muss man sie noch aktiv ins System *pushen*. Das sorgt für noch mehr Kontrolle darüber, welche Änderungen wann letztlich publiziert werden, sodass Entwickler sich gegenseitig gezielt informieren (und ggf. warnen) können. Der Gegenpart zum Push ist der *Pull*, womit man Commits eines Branches vom Repository auf den lokalen Rechner ziehen kann.

Falls die Commits eines Branches als hinreichende Lösung für eine Aufgabe angesehen werden, wird der verantwortliche Entwickler einen sogenannten *Merge-Request* in Git einlassen und damit beantragen, dass die Änderungen akzeptiert und übernommen werden. Ein *Merge* ist dabei der Prozess, in welchem die Änderungen des Branches, also der Arbeitskopie, in den Haupt-Branch eingewoben werden. Nach einem Merge enthält die Hauptkopie der Software also die Commits der Arbeitskopie. Die Vereinigung geschieht normalerweise mit einem einzigen Klick. Das System kommt allerdings in einigen Fällen durcheinander. Das geschieht, wenn zwei Branches die selbe Stelle verändert haben. Dann ist es nämlich nicht klar, ob beide Änderungen eingearbeitet werden müssen und auf welche Weise sie verknüpft werden sollen *(Merge-Konflikt)*. Git wird selbstverständlich keine zufällige Entscheidung treffen. Sobald der zweite Branch gemergt werden möchte, wird durch den Merge-Konflikt eine zuständliche Person automatisch kontaktiert. Dieser Mensch muss alle fraglichen Zeilen einzeln vergleichen und eine finale Variante zusammenstellen. Das kann so aussehen, dass man alle neuen Zeilen in die richtige Reihenfolge bringt, manchmal aber auch ein komplettes Neuschreiben erfordern. Dieser Schritt ist leider nicht nur nervig, sondern auch anfällig für Fehler, jedoch unvermeidbar.

Beispiel Weil der ganze Prozess ziemlich verwirrend ist, möchte ich den Verlauf noch einmal in Form einer Geschichte zusammenfassen. Ich war früher im Unternehmen Backend-Entwickler, doch seit einem Jahr arbeite ich im Frontend. Deshalb habe ich auch alle Backend-Projekte aus meiner IDE gelöscht, denn sie lenken nur ab und machen die Anzeige unübersichtlich. Als Urlaubsvertretung muss ich nun aber wieder eine Aufgabe im Backend erledigen. Wie gesagt, das Backend-Projekt fehlt in meiner IDE, sodass ich es zunächst aus dem Git-Repository auschecken muss. Ich kopiere ein paar Links und nach fünf Minuten ist das Ding auf meinem Rechner. Ich aktiviere das Projekt in meiner IDE und kann dadurch auf den Code zugreifen. Durch Ansicht der Projektparameter stelle ich sicher, dass ich gerade den Haupt-Branch des Backends vor mir habe, denn den Arbeits-Branch für die Aufgabe muss ich direkt von diesem ableiten. Mit zwei Klicks ist er auch schon erstellt und nach der Nummer der Aufgabe benannt, damit in Zukunft auch jeder weiß, worum es hier ging. Die Aufgabe enthält an sich drei Schritte, nämlich eine Ergänzung der Datenbankanbindung, ein wenig *Rechenlogik* und das Einfügen eines neuen *API-Endpunkts*. Ich suche den Code für die Datenbank und packe dort ein paar Zeilen dazu, auf die ich später mit der neuen Logik zugreifen werde. Ich starte kurz alle lokalen Prüfungen und die Software selbst, wobei alles super aussieht. Deshalb markiere ich die Änderungen und erstelle einen Commit mit dem Kommentar „Aufgabe Nr. 123 Datenbank". Als nächstes ist der Code für die Logik dran. Das ist bereits ein wenig kniffliger, aber ich lege ein neues Code-Dokument an und nach einem Tag habe ich etwas Brauchbares. Weil dieser Code-Abschnitt aber etwas invasiv mit altem Code verbunden ist, lasse ich das Programm neu kompilieren und starte das Produkt einmal lokal auf meinem Rechner. Doch meine Zweifel waren unbegründet und scheinbar habe ich mit meinen Modifikationen nichts kaputt gemacht. Gut, dann ist das mein zweiter Commit: „Aufgabe Nr. 123 Business-Logik". In der API habe ich leider noch nicht so viel Erfahrung, weil das erst nach meiner Zeit ins Backend dazukam. Ich versuche mich reinzufuchsen und nutze den Code für die anderen Endpunkte als Beispiel. Noch einmal kompiliere und starte ich die Software. Mist, jetzt wird mir noch nicht einmal die Login-Maske angezeigt, die Software ist ja völlig hinüber. Lieber resete ich zurück auf den Stand des zweiten Commits – bis dahin war ja alles OK. Ich muss irgendetwas kaputt gemacht haben. Deshalb frage ich einen Kollegen um Hilfe. Ich pushe meine ersten beiden Commits auf den Server, wobei im Repository einmal der neue Branch und dann die zwei Commits angelegt werden. Jetzt kann ich an den Arbeitsplatz meines Kollegen wandern und ihm auf die Nerven… ich meine, ihn um Rat fragen. Er wiederum committet seine Änderungen als Sicherung auf seinem Branch und macht einen Pull, um die neusten Infos vom Repository zu ziehen. Dadurch kann er auf den Stand des zweites Commits meines Branches wechseln und sieht alles, was ich bisher gemacht habe und nicht mehr als das. Ich schildere, dass ich mit der Programmierung der API nicht klar komme. Er ist so lieb und schreibt den groben Code, den ich brauche. Mit einem Commit und einem Push ist diese Ergänzung schon in meinem Branch auf dem Server. Jetzt kann ich wieder zurück an meinen eigenen Rechner gehen und mir mit einem Pull die Ergänzungen in meinem Branch auch lokal auf den Computer ziehen. Von da aus entwickle ich weiter. Sobald alles fertig ist und auch nach einem kleinen Test funktioniert, committe ich ein letztes Mal und pushe auch das ins Repository. Die Aufgabe ist aus meiner Sicht erledigt. Der Tester lässt Git meinen Branch kompilieren und auf ein Test-

sein. Erfinden Sie einfach einen neuen Support-Mitarbeiter und geben Sie dem Kunden dessen Kontaktdaten. Dann kann Ihr echtes Support-Team von da an stets den Account des Pseudo-Mitglieds verwenden, wenn es um die Kommunikation mit genau diesem Kunden geht. Es hätte sogar noch mehr Vorteile: Sie können sich Profilbild, Geschlecht, Name usw. passend zu den Erwartungen des Kunden und der Branche aussuchen und damit – vorsichtig ausgedrückt – das Nutzungserlebnis verbessern.

Wie im Beispiel oben hat die Virtualisierung in der *Informatik* ebenfalls viele Vorteile. Man kann sich die Eigenschaften eines Systems frei aussuchen, unabhängig davon, was in Wirklichkeit dahinter steht. Die Virtualisierungsschicht wird zwischen der Applikation und dem tatsächlichen System vermitteln. Dadurch reduziert man vor allem die Abhängigkeit von konkreten Designs, weil man die davor stehende Erscheinung stets frei wählen kann. Und diese Wahl kann beispielsweise immer auf dieselbe Gestalt fallen, sodass man immer nur ein technisches Nutzungsszenario berücksichtigen muss. Die Schicht vermittelt dann zwischen unserem Wunschszenario, das wahrscheinlich technisch vorteilhaft ausgesucht wurde, und den vielen anderen möglichen echten, wohl komplexeren, Szenarien. So spart man sich das Anpassen des eigenen Produktes an alle nur denkbaren und beliebig problematischen Systeme.

Ihr Computer setzt Virtualisierung im *Hauptspeicher* ein, damit alle Programme freien Zugriff auf den kompletten Speicherplatz haben können, sogar gleichzeitig. Wäre das ohne Virtualisierung der Fall, dann können mehrere Programme gegenseitig auf ihre Daten zugreifen, diese verändern, löschen oder überschreiben, weil jede Software ja jeden Speicherplatz ansprechen dürfte. Das *Betriebssystem* aber verhindert dies heutzutage, indem virtueller Speicherplatz auf echten Speicherplatz abgebildet wird. Adresse 1 aus Sicht des Programms A ist dann z. B. die echte Speicheradresse 458. Und Adresse 1 aus Sicht des Programms B entspricht etwa der echten Speicheradresse 683. Damit können sich gleichzeitig laufende Applikationen gar nicht in die Quere kommen. Und wenn der echte Speicherplatz ausgeht, dann wird das System einen

Schwung Daten temporär auf die *Festplatte* auslagern, meist ohne
merklichen Effekt für den Nutzer.

Das zeigt auch schon mehrere Nachteile der Virtualisierung.
Zunächst muss es überhaupt eine Plattform geben, die die Virtualisierung durchführt und zwischen den Ebenen vermitteln kann. Das
erfordert eine universelle Nutzbarkeit mit quasi allen erdenklichen
Zielsystemen. Zum Glück gibt es sowohl kommerzielle Anbieter
als auch viele Open-Source-Projekte, die sich konkret ausschließlich mit diesem Thema beschäftigen. Man kann ihre Lösungen in
vielen Fällen direkt einsetzen und dadurch wesentlich mehr Flexibilität in der Entwicklung eines Produkts gewinnen. In seltenen
Fällen kommt man um den Kauf von Lizenzen jedoch nicht herum.

Ein weiterer Nachteil der Virtualisierung ist, dass die Übersetzung zwischen den Ebenen selbst natürlich auch eine gewisse
Rechenlast verursacht. Je nachdem, wie unterschiedlich die
Erscheinung und das wirkliche System sind, kann der Vermitt-
lungsaufwand ziemlich groß werden und die *Performanz* drücken.
Gute Einschätzungen darüber lassen sich leider oft nur experimen-
tell gewinnen.

Und der dritte Nachteil liegt im Charakter der Virtualisierung
selbst. Auch wenn man nur 2 GB an Speicherplatz in Echt besitzt,
kann man sich 4 GB an nutzbaren virtuellen Speicher herzaubern.
Doch ganz so magisch ist die Informatik nun auch wieder nicht.
Was auch immer mit der virtuellen Schicht interagiert, es muss das
gesamte angezeigte Angebot – sei es Speicher, Rechenkapazität
usw. – verwenden können. Es gibt also Fälle, in denen Mechanismen innerhalb der Virtualisierungsschicht notwendig sind, die eine
Art Umschichtung, Auslagerung, Archivierung, Verteilung, *Puffe-
rung* oder einen ähnlichen Typ von Kompensation durchführen.
Diese Mechanismen selbst sowie die dahinter liegenden Surrogate
können die empfundene Performanz noch einmal senken.

Virtuelle Maschine

Eine *Virtuelle Maschine,* kurz *VM,* ist wie ein Computer in einem
Computer. Man hat ein Programmfenster, das einen Bildschirm
imitiert. Man kann diesen Software-Rechner konfigurieren, indem

man einfach die gewünschten Parameter wie Speichermenge und Anzahl der Festplatten in ein Formular einträgt. Die VM emuliert die Charakteristiken anschließend virtuell. Auf diesen Weg lässt sich beispielsweise *Windows* auf einem *Server* mit *Linux* starten. Viele Unternehmen machen genau das, um dem Kunden das Gefühl zu geben, als wäre ihm ein dedizierter Rechner zugewiesen, obwohl faktisch lediglich ein paar Serverschränke die Rechenleistung für sämtliche Kunden bereitstellen. Man nutzt dazu einen Trick: Die VM wird erst dann gestartet und bereitgestellt, wenn der Kunde sie braucht. Bis dahin steht die Rechenkapazität anderen Kunden zur Verfügung. Auf diese Weise muss man keine Ressourcen belegen, die ungenutzt auf den Einsatz warten. Und der Endnutzer bekommt von alledem nichts mit.

Durch die Virtualisierung ist es ganz einfach möglich, eine VM zu einem anderen Server zu *migrieren*. Außerdem lassen sich alle Systemzustände bis hin zum *Vorinstallieren* von Software exakt definieren. Die VM selbst besteht am Ende lediglich aus Dateien, die man problemlos hin und her schieben kann. Der Hauptteil des virtuellen Computers ist nicht viel mehr als ein Ordner auf einem echten Rechner.

Docker

Man könnte *Docker* als Fortentwicklung der Virtuellen Maschine sehen. Statt einen kompletten Rechner zu emulieren, erlaubt es Docker, die Virtualisierungsschicht lediglich um die jeweilige Software herum zu wickeln. Mit Docker kann man das Verhalten eines Computers und Betriebssystems emulieren, doch hier eben rein aus der Sicht des laufenden Programms. Daher ist es mit dieser Lösung weitaus weniger wichtig, welche Eigenschaften der eigentliche Rechner besitzt und welche Ressourcen er bereitstellt.

Das hat selbstverständlich viele Vorteile. Docker erlaubt es einem sogar, Berechnungen des ummantelten Programms auf mehrere *Hardware*-Systeme zu verteilen, obwohl es aus Sicht des Programms immer nur wie ein Computer aussehen wird. Wenn Sie eine rechen-hungrige Applikation haben, ist das ein schöner Weg, um die *Performanz* zu steigern.

Das *Deployment* eines Produkts wird durch Docker plötzlich sehr einfach. Statt seine Software auf jedem einzelnen Kundensystem immer und immer wieder zu *installieren,* benötigt der Kunde lediglich Docker als Basis. Der Entwickler installiert dann sein Produkt in einer Docker-Umgebung und erzeugt eine Datei, die man ohne die Notwendigkeit einer weiteren umfassenden Einrichtung in Kundensysteme schieben kann.

Außerdem erlaubt es der Grad der Virtualisierung, den Zustand des ummantelten Programms genauestens einzustellen. Beim Starten der Docker-Umgebung könnte das Produkt in jedem gewünschten Zustand mitten im laufenden Betrieb erscheinen, falls nötig. Das wird durch sogenannte *Snapshots* ermöglicht, die eine Momentaufnahme des Produktbetriebs darstellen. Sie können sich denken, dass das perfekt ist, falls ein komplexer *Bug* auftritt. Auch zum Benutzer-Training können Snapshots außerordentlich praktisch sein, denn man kann immer wieder unvermittelt in bestimmte Nutzungsszenarien einsteigen.

Dazu kommt, dass ein Entwickler sogar alle Produktabhängigkeiten wie etwa weitere Software mit in die Docker-Konfigurationsdatei einfügen kann. Im Endeffekt werden somit alle notwendigen Zusatzprogramme (in der richtigen Version!) nicht nur mitgeliefert, sondern erscheinen beim Kunden als installiert und lauffähig. Das garantiert einen nahtlosen Verbund zwischen dem eigenen Produkt und seiner Umgebung zur *Laufzeit.* Und es erleichtert die Arbeit des Verantwortlichen für *DevOps.*

Eine weitere – leider oft übersehene – Anwendung von Docker ist die schnelle und einfache Einrichtung vieler Arbeitsmittel für neue Mitarbeiter. Mit dieser Virtualisierung kann man nicht nur den *Installationsprozess* an sich beschleunigen, sondern zudem den Satz und die jeweilige Konfiguration der verwendeten Ressourcen standardisieren. Die Einstellung und der Betrieb vieler Computer im Unternehmen wird so wesentlich einfacher.

VPN

Das *Virtual Private Network* oder kurz *VPN* ist ein normalerweise *verschlüsseltes* virtuelles *Netzwerk.* Man nutzt dabei die Hardware und Struktur eines echten Netzwerks, um die Eigenschaften eines anderen Netzwerks zu simulieren. Mit diesem Trick kann man ein sicheres lokales Netzwerk aufbauen, selbst wenn Sie in Malibu sind und Ihr Kollege in Tokio sitzt. Der Vorteil liegt darin, dass niemand von außen auf dieses Netzwerk und die darin enthaltenen Informationen zugreifen kann. Weil die übertragenen Daten von außen durch die Verschlüsselung ziemlich zufällig aussehen und nicht aussagekräftig sind, können in vielen Fällen Mechanismen zur Priorisierung des Datenverkehrs und zum Filtern und Auswerten von bestimmten Inhalten umgangen werden. Deshalb sind VPNs auch vor allem in autoritären Staaten häufig im Einsatz, z. B. um eine staatliche Zensur oder gar eine Strafverfolgung zu umgehen. Dazu kommt, dass manche VPN-Anbieter die Nutzung einer alternativen *IP-Adresse* erlauben, sodass man für das andere Ende der Leitung den Anschein eines anderen Ursprungslandes erweckt. Damit lassen sich beispielsweise *Dienste* nutzen, die eigentlich für den Einsatz in bestimmten Ländern gesperrt sind.

Simulator und Emulator

Im Themengebiet der Virtualisierung tauchen immer wieder die beiden Begriffe *Simulator* und *Emulator* auf. Die Abgrenzung ist gar nicht so scharf und in der Praxis wird es einem niemand übel nehmen, wenn man mal das falsche Wort benutzt.

Ein Simulator imitiert das Verhalten eines Systems während ein Emulator die Wirkung eines Systems imitiert. Oder anders gesagt, beim Simulator geht es darum, wie etwas gemacht wird und beim Emulator darum, was gemacht wird. Oder um es noch einmal anders zu erklären: Der Simulator konzentriert sich auf den Weg und der Emulator auf das Ziel. In beiden Fällen ist das Ergebnis sehr ähnlich, denn es geht um die Imitation und darum, etwas zu kopieren.

Beispiel Die Simulation einer Trompete würde versuchen, den Luftstrom durch das Blech, die Vibrationen des Instruments und die Klangformung durch den Trichter nachzubilden. Hier geht es also um den Mechanismus, um die Art wie der Klang entsteht.

Wie nah der Klang an das Original herankommt hängt von der Genauigkeit der Simulation ab.

Die Emulation einer Trompete würde versuchen, einen möglichst echten Trompetenklang zu erzeugen. Wie die Trompete ihre Töne in Wirklichkeit erzeugt ist hier völlig egal. Man könnte z. B. mehrere Tonaufnahmen echter Trompeten kombinieren und so verschiedene Klänge erzeugen, die – weil von einer echten Trompete stammend – auch sehr echt klingen.

Die meisten Virtualisierungsplattformen in der Software-Entwicklung sind Emulatoren, weil es hier schließlich nicht darum geht, die tatsächlichen Berechnungen nachzumachen, sondern nur, möglichst genauso auszusehen und sich genauso zu verhalten wie das entsprechende echte System.

Warteschlange

Das, was die meisten Menschen unter dem Namen *Warteschlange* kennen, bezeichnet man in der *Informatik* eher mit dem englischen *Queue*. An der Stelle möchte ich auf eine womöglich ungewöhnliche Definition zurückgreifen: Eine Queue ist ein zeitlich begrenzter Speicher für sortierte Datenpakete. Es ist der Platz, in den *Produzenten (Producer)* Daten hingeben und aus dem *Konsumenten (Consumer)* ihre Daten hernehmen. Soweit das Grundkonzept.

Analogie Denken Sie einmal an den Kassenbereich eines Supermarktes. Dort kommen Kunden zu unterschiedlichen, zufälligen Zeitpunkten an. Dann bedient man jeden von ihnen bestmöglich. Während der Abarbeitung der Kundenschlange ist der Kassenbereich ein temporärer Kundenspeicher. Wenn Ihnen das als Einkäufer kein wohliges Gefühl im Magen bereitet, dann weiß ich auch nicht weiter.

Das Konzept einer Queue kann sowohl in *Hardware* als auch in Software, zwischen zwei Programmen oder sogar innerhalb eines Produkts umgesetzt werden. Die meisten Implementierungen sehen so aus, dass die Daten im *FIFO*-Prinzip *(First In First Out)* Sortiert werden – „Wer zuerst kommt, mahlt zuerst.". Eine solche Queue ist ähnlich zu einem *Bus,* wobei der Bus meist nur einen einzigen Datensatz auf einmal erlaubt und die Verteilung der Daten meist weniger komplex ist.

Eine Warteschlange kann einem dabei helfen, mehrere Probleme zu lösen. Die wichtigste Aufgabe einer Queue ist das *Puffern* (eng. *Buffer*) von Daten, die eher unregelmäßig eintrudeln. Statt eine Nachricht bzw. ein Datenpaket direkt zu verarbeiten, wird sie in die Warteschlange eingereiht. Logischerweise kann die Wartezeit für jedes Element unterschiedlich sein, abhängig davon, wie viele Daten gerade in der Schlange sind. Das Gute ist aber, dass man durch eine Queue plötzlich nicht mehr genauso viele Verarbeitungsstationen braucht wie es gleichzeitig eintreffende Daten geben kann. Denken Sie bitte wieder an den Supermarkt: Wenn man keine Warteschlangen hätte, bräuchte man quasi so viele Kassen wie Kunden im Geschäft, weil es sein kann, dass alle gleichzeitig bezahlen wollen.

Die Verarbeitungsstationen bezeichnet man als „Konsumenten", weil sie die Daten sozusagen „futtern". Ihre Anzahl sollten Sie sorgfältig ausbalancieren. Wenn die Gesamtmenge der eintreffenden Daten eher gering ist, dann reicht vielleicht ein einziger Konsument. Plötzliche Nachrichtenfluten würden durch ruhigere Phasen kompensiert werden. Falls eine Queue zu voll wird, kann man leicht einen weiteren Konsumenten einschalten. Jetzt benötigen Sie zwar mehr Ressourcen (z. B. Rechenleistung oder Strom), aber die Wartezeit fällt wieder für jedes Datenpaket auf ein akzeptables Niveau. Sobald sich die Warteschlange wieder beruhigt hat, können Sie den zweiten Konsumenten herunterfahren und so Ressourcen sparen.

Ein weiterer interessanter Effekt ist, dass Queues zwei Systeme voneinander entkoppeln können. Zunächst bilden die Warteschlangen und die Definitionen der von ihnen akzeptierten Elemente eine *Schnittstelle* zwischen zwei (oder mehr) Systemen. Deswegen können auch beide Seiten voneinander unabhängig aufgezogen und gepflegt werden. Außerdem können die Zeitpunkte der Datenerzeugung und der Datenverarbeitung unterschiedlich sein und die Spanne dazwischen ist variabel. Statt einer synchronen Verknüp-

fung verbinden wir die Systeme asynchron. Das ermöglicht uns
mehr Flexibilität im Fall eines Mangels an Ressourcen und sogar
dann, wenn die Konsumenten komplett *ausfallen*.

Technische Warteschlangen bieten heutzutage sogar noch
wesentlich mehr Fähigkeiten als das reine Ausbalancieren von
Datenströmen. Manchmal kann man protokollieren, welche Daten
in welcher Queue gelandet sind, man kann Datenpakete herausfiltern und die Reihenfolge der Elemente andauernd umorganisieren,
um bestimmte Priorisierungsstrategien umzusetzen.

WYSIWYG

Es gibt einfachere Akronyme als *WYSIWYG*. Deswegen sagen alle
einfach „What you see is what you get.", also „Du bekommst, was
du siehst". Der Zweck von Code ist für gewöhnlich, in Worten zu
beschreiben, wie das Produkt aussehen und wie es sich verhalten
soll. Jedoch erlauben manche Systeme auch die direkte Gestaltung
des Endprodukts. Folglich ist das, was man während der Bearbeitung sieht auch exakt das, was man später als Ausgabe erhält.

Beispiel Während $\LaTeX$ das Programmieren eines Textdoku-
ments erfordert, wobei alle Elemente beschrieben werden müssen,
ermöglichen andere Editoren wie *Microsoft Word* oder *LibreOffice* Writer den direkten Zugriff auf das Design der später ausge-
worfenen Seite. Man sieht das Endergebnis bereits während der
Erstellung auf dem Bildschirm.

Es gibt ebenfalls viele WYSIWYG-Editoren für die Webseitenge-
staltung. Der Vorteil ist, dass man Produkte sehr schnell erzeugen
kann, oft sogar komplett ohne Programmierkenntnisse. Allerdings
ist der Nachteil an diesem Vorgehen, dass man auch hier[30] zusammen mit der Verantwortung seine Freiheit abgibt. Ganz ohne Code
geht es nämlich nicht und auch der Editor wird im Hintergrund

---

[30] wie so oft im Leben.

automatisch Code erzeugen, jedoch oft ohne Menschen-lesbare Struktur und ohne große Optimierung der *Performanz*. Erfahrene Entwickler schaffen hingegen Code, der im Vergleich dazu eine bessere Wartbarkeit und Wiederverwendbarkeit bietet. Außerdem stellen WYSIWYG-Editoren häufig nur eine eingeschränkte Funktionalität bereit, was die Anzahl an Möglichkeiten zur Gestaltung eines Produkts reduziert.

XML

XML ist ein Format zur strukturierten Darstellung von Daten in einer Datei oder in Nachrichten, ähnlich wie *JSON*. Die Abkürzung steht hier für *Extensible Markup Language,* etwa „erweiterbare Auszeichnungssprache". Ein XML-Text könnte beispielsweise so aussehen:

```
<kunde id="999">
    <name>Grace Hopper</name>
    <alter>73</alter>
    <adresse>
        <strasse>Hauptstraße</strasse>
        <haus>13</haus>
        <plz>12345</plz>
        <stadt>Neustadt</stadt>
    </adresse>
</kunde>
```

Das Beispiel zeigt schon einer der Hauptnachteile im Vergleich zu JSON. Zum Kennzeichnen einer Information braucht man einen öffnenden und einschließenden *Tag* (bzw. ein Etikett). Man kann darüber hinaus noch sogenannte *Attribute* einsetzen (im Beispiel „id"), die es erlauben, Informationen sogar in den Tags selber unterzubringen. Das alles bläht ein XML-Dokument auf, erschwert das Lesen der Informationen für Menschen und erhöht die Wahrscheinlichkeit für Fehler. Wir müssen uns schließlich stets darum kümmern, weder das öffnende noch das schließende Tag zu vergessen (und richtig zu schreiben). Schauen wir uns im Vergleich dazu einmal das JSON-Pendant an:

```
{
    "kunde": {
        "id": 999,
        "name": "Grace Hopper",
        "alter": 73,
        "adresse": {
            "strasse": "Hauptstraße",
            "haus": 13,
            "plz": 12345,
            "stadt": "Neustadt"
        }
    }
}
```

Wie Sie sehen können, ist JSON weniger „geschwätzig" und braucht deshalb auch weniger Zeichen, um die gleiche Information darzustellen. Darüber hinaus sind die Daten viel einfacher zu lesen.

Man könnte denken, dass es egal ist, wie gut Menschen eine datenspeichernde Datei lesen können. Die Lesbarkeit spielt aber gerade dann eine Rolle, wenn die Konfiguration eines Produkts, zumindest teilweise, händisch über eine solche Datei erfolgen muss. Und auch der Größenunterschied ist von Bedeutung, nämlich vor allem, wenn sehr große Mengen an Daten vorhanden sind oder wenn sehr viele Nachrichten verschickt werden müssen. Heutzutage wirkt XML daher häufig aus der Zeit gefallen. Trotzdem wird diese Technologie weiterhin umfassend eingesetzt, gerade in *Legacy*-Systemen und in Programmen, die auch älteren Standards genügen muss. Die allgemeine Beschreibung eines Webseiteninhalts erfolgt z. B. immer noch in *HTML* bzw. *Hyper Text Markup Language,* was nichts anderes als eine Art XML-Struktur ist.

Abschließende Gedanken

Ich hoffe, dass Sie diese Sammlung an Einblicken in die moderne Software-Entwicklung genossen haben. Mit dem Lesen dieses Buchs sind Sie jetzt perfekt vorbereitet, um sich auch im Gespräch mit Programmierern behaupten zu können. Sie werden nicht nur verstehen, was man Ihnen sagt, sondern die meisten Aussagen auch richtig zuordnen und unternehmerisch einschätzen können. Vergessen Sie dabei bitte niemals, dass Entwickler nicht absichtlich in Rätseln sprechen. Wir Programmierer sind auch nur Gefangene in unserer Welt aus Computern; gezwungen, wie Maschinen zu denken, abstrakte Konzepte anzuwenden und jede Menge Technologien zu kennen. Und es ist doch letztlich wunderbar, dass wir in unseren Unternehmen so vielfältige Teams mit ganz verschiedenen Fähigkeiten und Kenntnissen formen können. Wir müssen nur lernen, miteinander zu kommunizieren.

Dieses Buch verfolgt das Ziel, die Kooperation in Ihrem Team zu verbessern. Leider nehmen viele Informatiker bestimmtes Wissen als gegeben an, weil es für sie absolutes Alltagsgeschäft ist, mit diesen Kenntnissen umzugehen. Ich habe mich auf den vorigen Seiten eher auf die Wirkung der Dinge konzentriert, mehr als auf eine Beschreibung mit wissenschaftlicher Präzision. Meiner Meinung nach hilft es Ihnen wesentlich mehr dabei, die Vor- und Nachteile einer Sache zu verstehen, als wenn ich Ihnen die

P. Winniewski, *Grundlagenwissen der Software-Entwicklung*,
IT kompakt, https://doi.org/10.1007/978-3-658-42659-0_3

gleichen Lektionen vorgelegt hätte, die auch angehende Software-Entwickler in der Schule oder Hochschule erhalten. Schließlich sind Sie der Manager, der in der Lage sein muss, die Dringlichkeit von Problemen und die Auswirkung von technologischen Entscheidungen einzuschätzen. Außerdem sollten Sie den Aufwand bestimmter Aufgaben korrekt vorhersagen können.

Es war zusätzlich mein Ziel, Sie mit ein paar abstrakten Konzepten der Informationsverarbeitung im Allgemeinen zu konfrontieren. Software-Entwickler sind normalerweise universelle Köpfe, die für einen Fahrzeughersteller, einen Online-Shop, Finanzinstitute, in der Pharmaindustrie und wo auch immer arbeiten könnten. Daten und Informationen sind hierbei die Gemeinsamkeit und bilden die absolut fundamentalsten Dinge, die eine Bedeutung für uns haben. Wir kennen Abkürzungen, Tricks und Methoden wie man Wirkungen und Vorteile aus reinen Daten ziehen kann. Sie selbst können Ihren Alltag bereichern, indem Sie für sich einige der Herangehensweisen und Konzepte annehmen. Und wer weiß, womöglich werden Sie eines Tages selber zum Informagier.

Stichwortverzeichnis

A

AES, 146
Agil, 5
Agiles Manifest, 5
Aktivitätsdiagramm, 143
Amazon AWS, 40
American Standard Code
       for Information
       Interchange, 96
and (und), 106
Android, 21
Android Studio, 85
Angular, 77, 139
Apache Server, 138
API, 7, 11, 12, 19, 71, 77, 117,
       139, 141, 154
Application Programming
       Interface, 7
Arbeit (Phys.), 49
Architektur, 12, 13, 45, 69, 72
   modulare, 15
Argument, 111
ASCII, 96
Assembler, 121
Atlassian, 151
Attribut, 165
Ausfallsicherheit, 127
Ausfallzeit, 40, 127, 164
Automation, 7, 17, 77, 78, 85

B

Backend, 76, 139, 152
Backup, 46, 127
Befehlssatz, 121
Benutzeroberfläche, 7, 15, 32
Betriebssystem, 20, 45, 59, 82,
       138, 142, 157
Big Ball of Mud, 13
Big Data, 61, 62
Binärdarstellung, 94
Bit, 51, 56, 95
Bitbucket, 150
Black-Box-Test, 141
blame, 27
Blu-ray, 46
Branch, 152
Breaking Change, 22, 65
Breakpoint, 31
Brute Force, 80, 149
BSON, 61
Buffer, 163
Bug, 14, 23, 30, 39, 44, 68, 129,
       134, 142, 145, 152,
       160
Bug Report, 29
Build, 30, 70, 86, 151
Bus, 34, 45, 163
Bus-Faktor, 36, 113
Byte, 58, 95

Printed in the United States
by Baker & Taylor Publisher Services